# Cinsellik
# Üzerine

# Cinsellik Üzerine

TUTKU YAYINEVİ ©

Editör : Füsun Dikmen
Kapak Tasarımı : Faruk Erşahin
Baskı : Ayrıntı Matbaası
Çeviri : Hasan Can
Yay. Sertifika No : 15304
ISBN : 978-605-4756-91-9

1. Basım: Mart 2014

**TUTKU YAYINEVİ**

Birlik Mah. Vadi İkizleri Sit. 445-446 Sok.
No: 1A/19 Çankaya / Ankara
Tel: (312) 442 73 95  Faks: (312) 442 73 97

**DAĞITIM**

Dost Dağıtım : (312) 430 48 95
Alfa Dağıtım : (212) 511 53 03

**TEMSİLCİLİKLERİMİZ**

İzmir : Pan Kitabevi, Aykut Yenersu, Tel: (232) 369 11 99
Bursa : Bursa Kültür Merkezi, Tel: (224) 225 52 52
Adana : Kitapsan, Tel: (322) 239 06 22
Trabzon : Yolcu Kitabevi, Tel: (462) 326 83 13
Diyarbakır : Eğitim Kitabevi, Murat Aburşu, Tel: (412) 229 13 17
Elazığ : Batı Kitabevi, Hanifi Batı, Tel: (424) 237 69 71

www.tutkuyayinevi.com

# Cinsellik Üzerine

## Sigmund Freud

*Tutku Yayınevi*

# İçindekiler

## AÇIKLAMALAR

Sigmund Freud "Cinsiyet Üzerine Üç Deneme" başlığı altında yazmış olduğu bu kitabın ilk baskısı 1905 yılında gerçekleşmiştir. Bu baskının hemen arkasından 1010, 1915, 1922 ve son olarak 1923 yıllarında diğer baskılar yayınlanmıştır. Diğer baskılarda Freud yeni bilimsel buluşları da göz önüne alarak yazmış olduğu ilk metinde önemli eklemeler yapmış yapıtını böylece tekrar yayınlamıştır.

Çevirisi yapılan bu kitap en kesin şeklini almış olandır. Kitapta yer alan psikanaliz alanına ilişkin deyimler ve terimler ilk kez Freud tarafından kullanılmış ve dilimize daha sonra geçmiş, çevirmenleri uzun süreler ikilemde bırakmıştır. Günümüzde bu terimlerle ilgili olarak bir birlik oluşmuştur.

Freud daha önceki baskılara yazmış olduğu önsözleri buraya almadık. Bu önsözler yerine 1920 Mayısında kitabın dördüncü baskısı için Viyana'da yazmış olduğu önsözün son paragrafını almayı uygun gördük.

"Bu kitaptaki bazı pasajların cinsel yaşamın insan hayatındaki önemi üzerinde ısrarla durduğumuz, cinsellik kavramını genişletmeye çalıştığımız kısımların psikanalize karşı her zaman bahane olarak kullanıldığı olgusunu hatırlatmak gerekir. Abartılı tanımlamalar kullanılarak psikanalizin tüm konusu olarak cinsellikten bahsedilmeye, her şeyi cinsellikle açıklamak gibi akıldışı bir sistematizme kadar gidilmiştir. Akılları bulandıran ve kafa karıştıran aşırı istekler unutulabilirse ve onlara bir takım şeylerin anıları kaybettirilirse insan bu olgulardan şaşırabilir. Çok zaman önceleri Schopenhauer insanlara cinsel eğilimlerinin hangi ölçüde belirlenmiş olduğunu gösteriyordu. Alışılagelen anlamında alınan bu sözcük böylesine etkili olan bir doktrini nasıl tamamen unutturabilir. Sonuç olarak bize göre cinsellik düşüncesine verilen kapsam, çocukların ve sapık olarak adlandırılanların psikanalizinin bize kabul ettirdiği kapsamla alakalı olarak, psikanaliz konusuna tepeden küçümseyici bakış fırlatanlara daha kapsamlı bir cinsellik fikrini tanrısal Platonun Erosuna, ne kadar hatırlatılması gerektiği karşılığını vereceğiz.[1]

# BİRİNCİ BÖLÜM[2]

## CİNSEL SAPITMALAR

Biyolojide, İnsanın ve hayvanın cinsel ihtiyaçlarını açıklamak için bir "cinsel dürtü" nün varlığı benimsenir; aynı şekilde, açlığı anlatmak için bir beslenme dürtüsünün var olduğu kabul edilir. Bununla birlikte halk dilinde, cinsel gereksinim için açlığın karşılığı olarak kullanım gören bir sözcük yoktur. Bilim dili ise "libido" terimini kullanır.[3]

Kamuoyunun düşünceleri, cinsel dürtünün niteliği ve karakteristik yapısı konusunda birtakım kesin düşünceler oluşturmuştur. Bu anlamda, cinsel güdünün çocukta bulunmadığını, erginlik çağında oluştuğu ve olgunluğa götüren yürüyüşle sıkı bağlantısı olduğunu, cinslerden birinin öbürü üzerine dayanılmaz bir çekim yapması biçimi altında kendini gösterdiğini, amacının cinsel birleşme, ya da hiç değilse bu amaca giden bir eylemler topluluğu olduğunu söylemek uygun görünür,

Bu anlatımın gerçeği ifade etme anlamında güdük kaldığına inanmak için geçerli nedenlerimiz var. Eğer biraz daha yakından incelenirse, bu düşüncelerde bir yığın yanlışlıklar, doğru olmayan noktalar, oldukça acelece verilmiş kararlar fark edilir.

Konumuzla ilgili bu iki terimi birbirinden ayırıp belirtmekle işe başlayalım: Cinsel çekim yapan kimseye **cinsel nesne**, dürtünün bir kimseyi ittiği eyleme **cinsel amaç** diyeceğiz. Bilimsel deney bize bireyle alakalı olarak kâh nesne ile kâh cinsel amaçla ilintili çok sayıda sapmalar bulunduğunu ve bu sapmalarla normal sayılan hal arasındaki bağlantıları derinleştirmeye çalışmak gerektiğini kanıtlamaktadır

# I. CİNSEL NESNEYLE BAĞLANTILI SAPMALAR

Cinsel dürtünün halktaki kavramının en iyi yorumlanmasını bulduğumuz şiir dolu efsaneye göre, insan denilen varlık, kadın ve erkek olarak iki parçaya bölünmüştür; o zamandan beri aşk yoluyla birleşmeye çalışmaktadır. İşte bundan dolayı, kendileri için cinsel nesneleri kadın değil de erkek olan, erkekler ve yine cinsel nesneleri kadın olan kadınlar bulunduğunu öğrendiğimiz zaman pek şaşırırız. Bu tür kimselere şu ad verilir: Eşcinsel, daha doğrusu **dönükler,** oluşa da **dönüklük denir.** Doğal olarak Dönükler, sayı olarak bir hayli kalabalık olmalarına karşın, onları tanımak, belirlemek her zaman için gerçekten oldukça zordur.[4]

## A. DÖNÜKLÜK

**Dönüklerin Davranışı** — Dönüklerde aşağıdaki tipler ayırt edilir.

**a) Kesin dönükler;** Yani öbür cinsten kimselere karşı ilgisiz kalanlar; öbür cins kendilerinde cinsel nefret uyandırır bunlar ancak kendi cinsinden olanı cinsel nesne olarak alırlar. Eğer dönük erkekse, bu nefretten dolayı normal cinsel eylemde bulunma gücüne sahip olamaz ya da yapsa bile hiçbir tat alamaz.

**b) Çift yaşayışlı dönükler;** (psikoseksüel hermafrodizm) yani nesne olarak ayırt etmeksizin cinslerden birini ya da ötekini alanlar. Bu tip dönüklerde tek yanlı olmak karakteri yoktur.

**c)Fırsat düştüğünde dönük olanlar**; Bu tip dönükler, belirli koşullar içinde (özellikle normal cinsel birleşme için gerekli nesneyi bulamadıklarında) ya da taklitçiliğe kapıldıkları için, kendi cinslerinden bir kimseyi cinsel nesne olarak kabul, eder ve cinsel gereksinimlerini giderirler.

**d)** Cinselliklerinin özelliği üzerine kendi taşıdıkları yargıya gelince, dönükler değişik biçimde davranırlar. Kimilerince dönüklük, libidosuna yön verme kadar doğaldır. Kimileri kendi dönüklükleri olgusuna karşı isyan halindedirler, bunu da marazı bir zorlama olarak duyarlar.[5]

Bu cinsel gösterilerin ortaya çıktığı yaşam dönemlerine göre de iki tip dönüklük ayırt edilir. Kimilerinde dönüklük belleğin erişebileceği kadar uzun bir zaman var olmuş gibi görünür; kimilerinde ise erginlikten önce ya da sonra, belli bir zamanda kendini göstermiştir.[6] Bu cinsel karakteristik, bütün yaşam boyunca kalabilir, ya da bir anda yok olabilir; normal bir evrime doğru, sadece geçici bir süre için kendini gösterebilir. Nihayet uzun bir normal cinsellik döneminden sonra geç olarak görünebilir. Hatta normal cinsel nesne ile dönük cinsel nesne arasında zaman zaman salınım halleri de görülmüştür. Normal cinsel nesne üzerinde yapılan acılı bir deneyden sonra libidonun dönüklüğe yönelmesi özellikle ilgi çekicidir.

Bu farklı dizilere genel olarak birbirinden bağımsız olarak rastlanmaktadır. En aşırı biçimlerde, tüm dönüklükte, cinsel özelliğin yaşam süresince geç göründüğü ve kişinin onunla iyi anlaşma halinde yaşadığı kabul edilebilir.

Birçok yazar, kuşkusuz ki, saydığımız bu çeşitli durumları bir bütün içinde toplamaktan kaçınacaktır. Onlar bu gruplar arasındaki benzerlikleri değil, ayrılıkları belirtmek isteyeceklerdi; bu tutum, onların dönüklük konusundaki görüşlerine uygun düşer. Fakat bölünmeler ne denli akla yakın olursa olsun, ara derecelere bol bol rastlandığı için, grupları bir araya toplamak gerektiği düşüncesine yüz çevirmemek doğru olur.

**Dönüklük kuramı** — Dönüklük ilk önce doğuştan gelen bir sinir soysuzlaşması (dejenerasyon) belirtisi olarak kabul edilmiştir. Bu, hekimlerin dönüklük gözlemledikleri ilk kimselerin sinir hastaları (nevropat) ya da hiç değilse sinir hastalarının bütün görünüşlerine sahip kimseler olmaları ile açıklanmaktadır. Bu tez ayrı ayrı yargılanması gereken iki savı içine almaktadır: Birincisi, dönüklük doğuştan gelmedir; ikincisi, dönüklük bir soysuzlaşma belirtisidir.

**Soysuzlaşma** — Soysuzlaşma teriminin düşüncesizce kullanılması, her yerde olduğu gibi burada da itirazlar yükseltmektedir. Hastalık nedenleri açıkça travmatik ve bulaşıcı olmayan her patolojik gösteriye, soysuzlaşma demeye azar azar alışılmıştır. Magnan'ın soysuzlaşmalar sınıflamasına göre, sinir sisteminin çalışmasının kusursuz olduğu hallere soysuzlaşma terimini uygulamak mümkün olmuştur. Öyleyse bu yeni soysuzlaşma kavramının değeri ve kapsamı ne olabilir? Şu iki durumda soysuzlaşmadan söz etmemek tercih edilebilir gibi görünmektedir.

1 — Birlikte başka dönüklükler de bulunmuyorsa,

2 — Kişinin işlerinin ve etkinliklerinin tamamı ağır bozukluklara uğramamışsa.[7]

Öyle ki, dönüklerin bu anlamda soysuzlaşmış kimseler olmadıkları şu olgular topluluğundan da bellidir:

1 — Başka ağır sapıtmalar göstermeyen öznelerde dönüklüğe rastlanır.

2 — Genel etkinliği bozulmamış, ahlak ve zekâ gelişmeleri pek yüksek bir dereceye erişmiş olan öznelerde de dönüklük bulunur.[8]

3 — Klinikçilerinkinden daha genel bir görüş noktasından alınınca dönüklüğü bir soysuzlaşma belirtisi, olarak anlamayı yasaklayan iki olgu kategorisiyle karşılaşılır:

**a)** Dönüklüğün sık sık görülmüş olan bir pratik olduğunu unutmamak gerekir, eski çağ uluslarında, uygarlıklarının en yüksek olduğu dönemde dönüklüğün hemen hemen önemli bir kurum olduğu söylenebilir.

**b)** Dönüklük ilkel, vahşi kavimler arasında da son derece yaygındı, oysa soysuzlaşma terimi genel olarak ileri uygarlıklar için 'kullanılır (I. Bloch). Hatta Avrupa'nın çeşitli uygar uluslarında bile, ırk ve iklim farklarının, dönüklüğün sıklığı ya da azlığı konusunda ve ahlaki davranış üzerinde pek büyük bir etkisi vardır.[9]

**Dönüklüğün doğuştan gelen karakteri:** — Dönüklük yalnız kesin dönüklerde doğuştan gelme olarak kabul edilmiştir. Bunu belirtmek için, cinsel dürtünün başka bir yöne çevrilmesini yaşamlarının hiçbir anında asla tanımamış olduklarını ileri süren hastaların kendi tanıklıkları üzerine dayanılmışlar. Ne var ki, çift yaşayışlı dönüklerin ve özellikle fırsat düştüğünde dönüklük gösterenlerin bulunduğu olgusu, dönüklüğün doğuştan gelme bir karaktere sahip olduğu varsayımı ile uzlaşmamaktadır. İşte bunun için böyle bir varsayımın savunucuları kesin dönükler kategorisini ayırmak için belli bir eğilim gösterirler ki bu dönüklüğün tek ve genel bir açıklamasını redde götürecektir. Böylece kimi durumlarda dönüklüğün doğuştan gelme bir karaktere sahip olduğunu ve kimi durumlarda da kaynağının değişik nedenlere dayandığım kabul etmek gerekecektir.

Dönüklüğün, cinsel dürtünün sonradan **edinilmiş** bir karakteri olduğunu ileri süren anlayış, yukardaki anlayışın tam karşıtıdır. Bu anlayış şu olgulara dayanır:

**1** — Çok sayıda dönükte, hatta kesin dönüklerde, yaşamlarının başlangıcında bir cinsel izlenim bulunabilmektedir ki, cinsellik bunun uzaması ve sonucudur.

**2** — Aynı şekilde çok sayıda olan başkalarında, dönüklüğü, az çok geç olarak elverişli ya da elverişsiz koşullar saptamışlardır. (Yalnız aynı cinsten olanlar arasındaki alışveriş, savaş zamanındaki karışıklık, hapishanelerde yatmalar, heteroseksüel ilişkilerin sunduğu tehlikelerden korkma, bekârlık, iktidarsızlık, v.b.);

**3** — Hipnotik telkin dönüklüğü yok edebilir; eğer dönüklük doğuştan gelseydi bu sonuç pek şaşırtıcı görünürdü.

Bu görüşlere katılınca insan, doğuştan gelme bir dönüklüğü tümüyle yadsımaya gidebilir. Böylece, doğuştan dönük oldukları söylenenlerin, dikkatlice incelendiklerinde, belki de Çocukluk çağında karşılaştıkları bir olaydan dolayı libidoları belirlenmiş olan ve bu olayı unutmuş bulunan kimseler olduklarım göstermenin kabil olduğu ileri sürülerek '(Havelock El-lis) tartışma açılabilir. Böyle bir anlayışın savunucuları için, dönüklük, cinsel dürtünün koşullarının dış rastlaşması ile belirlenmiş değişikliklerinden başka bir şey değildir.

Açıkça oldukça akla yakın görünen bu sav, kontrolü kolay şu olgu önünde ayakta duramaz: İlk gençlikte bu cinsel deneyleri (ayartılma, karşılıklı onanizm) tanımış olan kimseler çoktur, ama bu yüzden dönükleşmemişler ya da hiç değilse dönük kalmamışlardır. Bu da bizi, doğuştan gelme karakterle, edinilmiş karakter arasındaki alternatifin, olguların tamamım yok etmediğini ya da dönüklüğün çeşitli tarzlarına uymadığını kabule götürür.

**Dönüklüğün Açıklanması** — Bu kuramlardan biri ya da öteki kabul edilse, yani doğuştan gelme ya da son-

16

radan edinilmiş de olsa dönüklüğün özünü açıklamaz. Birinci varsayım doğrudur dersek, dönüklükte doğuştan şeyin ne olduğunu kesin olarak belirtmemiz gerekir. Ya da, bir kimsenin, belli bir cinsel nesneye yönelen bir dürtüyü doğuştan getirdiğini söylemekten ibaret olan kabaca bir açıklamayla yetiniriz, ikinci varsayımda sorun, çeşitli etkilerin herhangi bir kişisel yatkınlığı araya sokturması gerekmeden edinilmiş karakterleri açıklamaya yetip yetmediğini öğrenmek için konulur ki bu, bildiğimize göre hiç de- mümkün değildir.

**Çift Cinsliliğin Rolü** — Frank Lydston, Kiernan ve Che-valier'den bu yana dönüklük olgusunu açıklamak için, insan ya bir kadın ya bir erkek olmalıdır diyen halk görüşüyle çelişen bir 'kuram ileri sürülmüştür. Bilim bize bütün cinsel karakterlerin birbirine karıştığı, bundan dolayı kesin bir cinsel belirleme yapmanın özellikle anatomi bakımından güçleştiği haller göstermiştir. Bu kişilerde üreme organları hem dişil, hem erildir, (hermafrodizm). Kimi durumlarda her iki cinsin üreme organları yan yana, birlikte bulunurlar (hakiki hermafrodizm); en sık olarak birinin ya da öbürünün dumura uğraması görülür.[10] Normal anatomi üzerine ışık serpmek bakımından bu anormallikler ilgi çekicidir. Hermafrodizmin (hünsalıkerdişilik) belli bir derecesi normaldir. Erkek olsun, dişi olsun, her kişide karşıt cinsin üreme organlarının izleri bulunur. Bunlar ya ilkel durumda ve her işlevden yoksundurlar, ya da değişik bir işleve uymuşlardır.

Uzun zamandan beri bilinen bu olguların ortaya çıkardığı kavram başlangıçta çift-cinsli olan ve evrim boyunca karşıt cinsin dumura uğramış bazı 'kalıntılarının tamamım saklayarak tek-cinsliliğe yönelen bir oluştur.

Bu anlayış psişik alana taşınabilir ve dönüklüğün değişik şekillerinde psişik bir erdişilik' olarak anlaşılabilir.

Konuyu çözümlemek için dönüklükle erdişiliğin psişik ve somatik (bedensel) belirtileri arasında bir uygunluk olduğunu göstermek gerekmiştir.

Ancak yapılan gözlemler bu anlayışı doğrulamamaktadırlar. Psişik cins karışıklığı ile anatomik cins karışıklığı arasındaki bağlantılar elbette ki söylenmek istendiği kadar sıkı, o kadar kararlı değildir. Dönüklerde bulunan şey cinsel dürtünün azalması (Havelock Ellis) ve organın hafif dumura uğramasıdır, bu sık sık görülür; fakat kararlı değildir, hatta hallerin çoğunda bulunmaz bile. Öyle ki bedensel erdişiliğin ve dönüklüğün birbirine bağlı olmayan iki durum olduğunu kabul etmek gerekir. -

İkinci ya da üçüncü derecede denilen cinsel karakterlere ve onların dönüklerde fazla bulunuşuna da büyük bir önem verilir (H. Ellis). Bu çok zaman pek doğru olur, fakat bu ikinci ve üçüncü derecedeki karakterlere karşıt cinste oldukça sık rastlandığını ve bu aynı kişilerde cinsel nesnede dönüklük olmaksızın erdişilik belirtileri göründüğünü unutmamak gerekir.

Eğer dönüklük diğer cinsin özgül nitelikleri halinde başka ruh nitelikleri, dürtüler ve karakter çizgileri değişmelerine eşlik etseydi, psişik erdişilik kuramı daha açık olurdu. Fakat bu karakter dönüklüğü sık sık ancak kadında bulunur; oysa erkekte erkeklik karakterleri dönüklükle uyuşur. Eğer psişik erdişilik kuramı devam ettirilmek isteniyorsa, hiç olmazsa bu tür belirtiler arasında düzenli bir bağlılığın yeteri ölçüde kurulamamış olduğunu eklemeye dikkat etmek gerekir. Hal-ban'a göre, bedensel erdişilik için de bu aynıdır,[11] organların dumura uğraması ve ikinci dereceden karakterlerin gelişmesi nisbi olarak bağımsız iki olgu düzenindedir.

En ilkel şeklindeki çift „cinslilik, erkek dönüklerin bir savunucusu tarafından şöyle belirtilmiştir: "Bir erkek bedeninde bir kadın beyni". Fakat biz bir "kadın beyni" nin ne olduğunu bilmiyoruz. Sorunu ruhbilim alanından anatomi alanına götürmeyi istemek yersiz olduğu kadar gereksizdir de. Kraft-Ebing'in yapmış olduğu açıklama, Ulrich'in yapmış olduğundan da tutarlıymış gibi görünmektedir, ama temelde ondan farklı değildir. Kraft-Ebing kişinin üreme organlarının çift cinsliğinin biri erkek, öteki dişi, ikili bir beyin merkezine karşılık verdiğini söylemektedir. Bu merkezler erginlik anında, özellikle başlangıçta, hiç değilse bağımsız olan üreme bezlerinin etkisi altında gelişirmiş. Fakat dişil ve eril olan beyinler için söylenmiş olanlar bu "merkezler" için de söylenebilir ve üstelik beyinde, örneğin konuşma için kabul edebildiğimiz lokalizasyonlara benzeyen cinsellik lokalizasyonlarının ("merkezlerin") bulunup bulunmadığını bilmiyoruz.

Bununla birlikte, bizim dönüklük açıklamamız için iki fikri ele alalım: Önce, çifte, cinslilik durumuna inanmamız gerekiyor; fakat bunun anatomik alt dokusunun ne olduğunu bilmiyoruz. Sonra görüyoruz ki, bunun gelişmesinde cinsel dürtüyü değiştiren bozukluklar da vardır.

**Dönüklerin Cinsel Nesnesi** — Psişik erdişilik kuramı, dönüklerin cinsel nesnesinin, normal nesnenin karşıtı olduğunu sandırır.

Dönükler tam kadınmış gibi, bedenin erkek karakteri, erkek ruhu tarafından çekilirler. Dönük kendini kadın hisseder ve erkek arar.

Fakat çok sayıda dönük erkeklerde bu doğru olmakla birlikte dönüklüğün genel bir karakterini kurmaktan pek uzaktır. Birçok erkek dönüklerin cinslerinin psişik karakterlerini yitirmediği karşıt cinsin ikinci derecede karakterlerinin pek azım sunduğu ve aslında cinsel nesnede kadınlığın psişik karakterlerini aradığı tartışma kabul etmez. Eğer öyle olmasaydı, kendilerini dönüklere sunan erkek fahişelerin, eski çağlarda olduğu gibi bugün de dış görünüş ve giyimi ile kadım kopya etmesi anlaşılamazdı. Eğer başka türlü olsaydı, bu taklit dönük adamın idealine ters gelirdi. En erkek kimselerin dönük olduğu eski Yunan'da, erkeklerin isteğini kamçılayan şeyin genç oğlanlardaki erkeklik olmadığı; fakat vücutlarının kadınsı nitelikleri, ürkeklikleri, çekingenlikleri, bilgisizlikleri, güçsüzlükleri olduğu alenidir. Oğlan, bir erkek olur olmaz, erkeklerin gözünde cinsel nesne olmaktan hemen çıkıyor ye artık oğlan arama sırası ona geliyordu. Bu durumda, daha birçok durumlarda olduğu gibi, dönük erkek, kendi cinsine ait bir nesne ardında değil, fakat kendinde her iki cinsi birleştiren nesne ardında koşuyordu. Burada bu, biri erkeğe, öteki kadına yönelmiş iki eğilim arasında gerçekleşen bir uzlaşmadır. Ancak şu açık koşulla ki, cinselliğin nesnesi erkeğin anatomik karakterlerini (erkek üreme aygıtı) taşımaktadır; bu denilebilir ki, çifte cinsliliğe sahip doğanın bir tasviridir.[12]

Kadında dönüklük daha az karmaşık karakterler sunar. Etkin kadın dönükler, genel olarak somatik (bedensel) ve psişik erkek karakterlerine sahiptirler ve cinsel nesnelerinde kadınlık ararlar; ama daha derin incelemelerde bulunulursa, bu konuda da değişiklikler bulunduğu ortaya çıkar.[13]

**Dönüklerin Cinsel Amacı** — Özellikle unutulmaması gereken şey, dönüklerdeki amacın tekdüze karakterler göstermekten çok uzak olmasıdır. Erkeklerde *anüs yoluyla* cinsel birleşme biricik biçim değildir. Mastürbasyon çoğu zaman tek amaçtır ve cinsel amaçtan basit bir duygusal kaynaşmadan başka bir şey kalmayıncaya kadar birbiri 'arkasından gelen eksilmeleri heteroseksüel aşktakinden daha sıktır. Aynı şekilde kadınlarda dönüklüğün cinsel amaçları pek çeşitlidir; bu amaçlar arasında ağız mukozası ile dokunma en çok aranılanıdır.

**Sonuç** — Sahip olduğumuz verilerde dönüklüğün açıklanmasını bulmamız tam olarak mümkün olamamışsa da, ortaya konulan sorunun çözümünün bizim için taşıdığı önemden daha önemli olabilen görüş noktalarına varabilmiş durumdayız. Şimdi cinsel dürtü ile cinsel amaç arasında bağlar kurmakla yapmış olduğumuz yanlışın idrakindeyiz. Deney bize gösteriyor ki, anormal saydığımız durumlarda, cinsel dürtü ile cinsel nesne arasında normal cinsel yaşamda 'görmek tehlikesini göze alamadığı, bir ilinti vardır; bunda cinsel dürtü, nesnesini çoktan kendi kendine içine alır gibi görünmektedir. Bu bizi bir noktaya kadar dürtüyü ve nesneyi birbirinden ayırmaya yöneltmektedir. Cinsel dürtünün nesnesinden bağımsız ve görünmesinin nesneden gelen uyarmalarla belirlenmemiş olduğuna inanmamıza olanak vermiştir.

## B. ÇOCUKLARIN VE HAYVANLARIN CİNSEL NESNE OLARAK ALINMASI

Dönükler, kendilerini normal olarak çekmesi gereken cinsin dışında cinsel nesnelerini seçerken, sapmaları da hiçbir bozukluk göstermeyen bireyler izlenimi verirler. Buna karşılık çocukları (ergenleşmemiş olanları) cinsel nesne olarak alan özneler daha ilk bakışta ayrık sapıtmışlar olarak görünürler. Çocukların, tek cinsel nesne olarak alınmaları pek enderdir; çok zaman cesaretsiz ve güçsüz hale gelmiş bir kimse zorunluluk karşısında böyle çarelere başvurmaya karar verdiği zaman ya da denetlenemeyen cinsel; dürtü doyuma ulaşmak için daha uygun bir nesne bulamadığı zaman, çocuklar cinsel nesne rolü oynarlar. Bununla birlikte cinsel dürtünün böylesine çeşitlilik gösterdiğini ve nesnesi karşısında- soysuzlaştığını görmek ilgi çekicidir. Oysa kendine özgü nesneye çok daha sıkıca bağlanan açlığın, ancak en aşırı durumlarda bu hale gelebildiğini biliyoruz. Bu durum, köylüler arasında hiç de ender olmayan ve cinsel çekimin, cins tarafından belirlenmiş sınırları aşması olgusu ile karakterize edilebilen hayvanlarla cinsel birleşmede açıkça görülür.

Cinsel dürtünün böyle ciddi bir biçimde yolunu sapıtması hallerini estetik nedenlerden ötürü akıl hastalığına bağlamak arzulanırdı. Fakat bu mümkün görülmemektedir. Deney bize öğretiyor ki, akıl hastalarında ortaya çıkan cinsel dürtü bozuklukları normallerde olanlardan farklı değildir ve bu düzensizlikler tüm ırklarda ve bazı toplumsal sınıflarda bulunmaktadır. Böylece çocuklara tecavüz etme olgusuna kaygılandırıcı birçoklukla öğretmenlerde rastlanır. Onlar buna kendilerine sunulan kolaylıklardan dolayı yönelmişlerdir. Delilerde aynı sapıtmalara rastlanır, fakat daha şiddetli bir derecede olur. Ya da bu sapış, normal cinsel doyumun yerini alarak onlar için tek amaç oluştur.

Normal durumdan akıl hastalığına dek uzanan bir seri oluşturabilen çeşitli cinsel değişiklikler arasındaki bu ilginç bağlantılar hakikatte öğretilerle doludur. Bundan cinselliğin gösterilerinin, normal yaşamda bile yüksek psişik etkinliğin denetiminden en çok kaçabilen gösteriler olduğu sonucu çıkarılabilir. Herhangi bir alanda toplumsal ve ahlaksal takımdan anormal sayılan kimse, benim deneyime göre, cinsel yaşamında da her zaman anormaldir. Fakat bütün başka bakımlardan ortalamaya uyan ve uygarlığımızın temize çıkarmasını kazanan hayli cinsel anormaller vardır ki, bunların zayıf noktaları tümüyle cinsellik içinde bulunmaktadır. Fakat bana genel bir önem taşır gibi görünen şey ise şudur: Çok çeşitli koşullarda ve şaşırtıcı sayıda kimseler için cinsel nesnenin türü ve değeri ikinci derecede rol oynamaktadır. Bundan şunu çıkarmak gerekir: Cinsel dürtünün temel ve değişmez öğesini oluşturan şey nesne değildir.[14]

## II. CİNSEL AMAÇLA İLGİLİ SAPMALAR

Normal cinsel amaç olarak kabul edilen eylem, üreme bölümlerinin cinsel birleşme yolu ile birbiriyle kaynaşmasıdır. Böylece cinsel gerilim gevşer ve bir zaman için dürtü söner. Bu, açlığın yatıştırılması ile benzerlikler sunan bir doyumdur. Bununla birlikte, en normal cinsel etkinlikte bile gelişmeleri *sapıklıklar* (perversions) adı altında belirlenen sapmalara götüren filizler bulunur. Cinsel eyleme öncülük eden (bazı dokunuşlar ve göz kamçılamaları gibi) birtakım ara bağlantılar vardır ve bu ara basamaklar ilk cinsel amaçların kurucusu olarak kabul _edilirler. Bu başlangıç eylemleri hem zevk verir, hem de cinsel eylemin tamamlanmasına kadar ayakta durması gereken kamçılanmayı şiddetlendirirler. Bu dokunuşlardan biri —öpüş adı ile bilinen— ağız mukozasının birbirine değmesi, birçok uygar ulus arasında yüksek bir cinsel değer kazanmıştır. Oysa bedenin bu bölümü cinsel aygıta ait değildir; bu bölüm sindirim aygıtının girişini oluşturur. Burada dahi, sapıklıkları normal yaşama bağlamaya olanak tanıyan sınıflandırma öğeleri sağlayabilen olgular vardır. Sapıklıklar, olay olarak iki düzen üzeredirler: a) Cinsel birleşmeyi yapmakla görevli kesimlere karşı anatomik saldırı; b) Normal olarak, son cinsel amaca varmak için çabucak geçilmesi gereken bazı ara bağlantılarda **durmalar**.

### A. ANATOMİK SALDIRILAR

**Cinsel nesneye fazla değer verme** — Cinsel dürtüyü tatminle görevli cinsel nesneye bağlanan değer, her zaman üreme organları ile sınırlanmaz; bu değerlendirme, nesnenin bütün bedenine yayılır ve onun çıkardığı bütün duyuları ele geçirmeye eğilim gösterir. Fazla değer verme psişik alana da bağlanır ve bir körlükle, psişik nitelikleri değerlendirilmesinde bir ölçü noksanlığı ve cinsel nesnenin kusursuzluklarına, kendinden çıkan yargılara kolayca boyun eğmekle kendini gösterir. Aşkın yarattığı kolay inanırlık önemli bir kaynak, hiç değilse otoritenin asıl kaynağıdır.[15]

Asıl üreme organlarının birleşmesi ile sınırlanmış cinsel amaçla uzlaşamayan fazla değer verme, bedenin öbür bölümlerini de cinsel amaçlar haline getirir.[16]

Fazla değer vermenin önemi erkekte özellikle iyice incelenebilir, çünkü yalnız erkekler araştırmalar için yaklaşılabilir bir cinsel yaşam sunar; oysa kadının cinsel yaşamı, kimi zaman kültürel zayıflık yüzünden, kimi zaman da toplumsal âdetlere bağlılıktan gelen çekingenlik ve biraz içtenlik noksanlığı yüzünden, hâlâ kalın bir örtüyle çevrilidir.

**Ağız Mukozasının cinsel kullanılışı** — Cinsel organ olarak ağzın, dudakların (ya da dilin) cinsel eşlik edenin üreme organları ile temasa getirilmesi sapıklık olarak kabul edilir, fakat iki kişinin ağız mukozasını birbirine dokundurması öyle sayılmaz. Öpmek lehinde kurduğumuz bu ayrı tutuş, normal eyleme doğru giden zincirin bir halkasıdır. İnsanlığın başlangıcından beri kullanıla gelen böyle yöntemlerden korkan, bunları sapıklık sayan bir kimse, bu tür cinsel amaçlara yönelmesini engelleyen bir **iğrenme duygusu'n**a kapılıyor demektir. Fakat bu iğrenme duygusuna ayrılan sınırlar çok zaman kişiye göre değişir. Güzel bir kızın dudaklarını hararetle öpen bir kimse, kızın diş fırçasını kullanmaktan tiksinti duyar; oysa kendini hiç iğrendirmeyen kendi ağzının genç kızınkinden daha iç açıcı olduğunu sanmasının yeri yoktur. Burada iğrenmenin oynadığı role dikkati çekelim: Bu, cin-

24

sel nesneye libido bakımından verilen değere aykırı düş-
mektedir, fakat bu aykırılık fazla değer verme tarafından
yenilebilir de. İğrenme cinsel amaçları sınırlayan güçler-
den biridir. Genellikle iğrenme yüzünden uyuşmazlıklar
üreme organını içine almazlar. Bununla birlikte şundan
kuşku duyulamaz, öbür cinsin üreme organları, haliyle
iğrenme esinler ve bu oluş bütün isteriklerde, özellikle ka-
dın isteriklerde karakteristiktir. Cinsel dürtünün kuvveti
bu iğrenmenin ötesine geçmekten hoşlanır.

**Anüsün kullanılması** — Anüsün, cinsel amaç olarak
kullanılmasının bir sapıklık sayılmasında, iğrenmenin
rol oynadığı daha açıkça görülmektedir. Böyle bir düşün-
ceyi yayarak, bu iğrenmeye neden olan kanıtın (bedenin
bu bölümü dışkı çıkarmaya yaramaktadır ve doğal olarak
iğrenç maddelerle temas halindedir) isterik genç kızlar ta-
rafından erkek üreme organına karşı iğrenmelerini açık-
lamak için itiraf ettikleri nedenlerle aynı değerde değildir.

Anüs mukozasının cinsel rolü erkekler arasındaki iliş-
kiyi sınırlayan tek eylem olmadığı gibi onun kazandığı
üstünlük de dönüklüğün temel özelliği değildir. Tersine
bu rol değerini, erkeğin kadın üzerinde yaptığı eylemle
sunduğu benzerliklere borçludur gibi görünüyor, aslında
karşılıklı mastürbasyon dönüklerce en çok aranılan cinsel
amaçtır.

**Bedenin diğer bölümlerinin cinsel önemi** — Cinselli-
ğin bedenin diğer bölümlerine yayılması, hangi biçim-
de olursa olsun, temelde yeni hiçbir şey açıklamamakta
ve cinsel dürtü bilgisine hiçbir şey getirmemektedir, bu
sadece cinsel nesneyi büsbütün elde etme isteğini açığa
vurmaktadır. Fakat cinsel bakımdan fazla değer vermenin
dışında, bu anatomik saldırılarda, soruna yabancı olanla-
rın pek de bilmediği yeni bir öge tespit ediyoruz. Ağız ve

anüs mukozaları gibi, bedenin kimi bölümleri —ki bunların önemi bütün bu pratiklerle gösterilmelidir— üreme organları gibi sayılmak ve onlar gibi işlem görmek niteliği kazanmaktadır. Bu eğilim cinsel dürtünün gelişmesi ile doğrulanmaktadır ve marazi hallerin semptomatolojisinde gerçekleşmesini bulmaktadır.

**Cinsel nesnenin yerini alan şeyler. Fetişizm** — Normal cinsel nesnenin kendisiyle bir ilgisi olan, ama cinsel amaca hiç elverişli olmayan başka bir nesne ile değiştirildiği durumlar özellikle ilgi çekicidir. Bu bölümde bu pek ilginç sapıtmalar grubunu cinsel nesne ile aynı anda incelemek tercih edilebilirdi. Fakat cinsel amacı reddetmeye götüren bu olayların bağlı oldukları **cinsel fazla değer verme** gözden geçirildikten sonra ele almak üzere bu incelemeyi sonraya bıraktık.

Cinsel nesnenin yerini alan, genellikle bedenin cinsel bir amaca uygun olmayan bir bölümü (saçlar, ayaklar) ya da tercihan sevilen nesneye, onun cinsi ile ilintili cansız bir şeydir (giysi parçaları, çamaşır) Bu yerini-almalar, ilkel insanın tanrısını canlandırdığı fetişle kıyaslanabilir.

Belirgin fetişizm biçimlerine dönüş - normal ya da sapık cinsel amaçtan vazgeçiş - amaca varmak için, cinsel nesneden fetişist karakterler (belirli bir saç rengi, bazı giysiler, -hatta bazı fiziksel eksiklikler) tarafından sağlanır. Patolojinin sınırları içindeki hiçbir cinsel değişme, ortaya çıkardığı olayların garipliği bakımından bunun kadar ilgi uyandırmaz. Fetişizm durumlarında, normal cinsel amaca doğru eğilimin gücünü yitirdiği söylenebilir (üreme aracının görev alanından yetersizliği)[18] Normal cinselliğe doğru dönüş psikolojik bir gereklilik gibi görünen ve nesneyle birleşmeye ait her şeyi ele geçiren cinsel nesneye fazla değer verme içindedir. İşte bundan dolayıdır ki normal aşkta, özellikle cinsel amaca varılamayacak ya da tatmin olunulamayacak gibi görünen dönemde bile düzenli olarak fetişizm bulunur.

*"Bana bir atkı getir, onun göğsünü örtmüş olsun,*
*Bana sevgilimin çorap bağını getir!"*

*FAUST*

Fetiş ihtiyacı değişmez bir şekil aldığı ve normal amacın yerine geçtiği ya da fetiş belli bir kişiden koptuğu ve cinselliğin tek nesnesi olduğu andan beri patolojik bir durum var demektir. Cinsel dürtünün basit değişirliğinin patolojik sapıtmalar haline girdiğini gösteren genel koşullar işte bunlardır.

Binet'nin ilk kez gördüğü ve o zamandan bu yana çok sayıda örneklerin doğruladığı gibi, birçok durumda çocukluk dönemi boyunca duyulmuş bir cinsel izlenimin sürekli etkisi, fetişin seçilmesinde kendini gösterir. Bu, normal kimselerdeki ilk aşk'ın atasözü halini almış olan ısrarcılığını akla getirir (İlk göz ağrısı unutulmaz,). Bu ilinti, özellikle, cinsel nesnenin büsbütün fetişist nitelikte olduğu durumlarda ortaya çıkar. Çocukluk sırasında duyulmuş olan cinsel izlenimlerin önemine gelince, bundan daha ileride söz edeceğiz.[19]

Başka durumlarda, fetiş nesnesinin yerine konan, sembolik karakterde bir düşünce çağrışımıdır. Bu tür çağrışımların izlediği yolu bulmak her zaman olası değildir. Ayak, mitolojide rastlanan pek eski bir cinsel semboldür.[20] Kürkün fetişlikle ilgisi *Mons Veneris'in.* (Venüs Tepesi kılları ile) benzerliğinden olmalıdır. Bununla birlikte, bu sembolizm şekli her zaman çocukluk sırasında edinilmiş cinsel izlenimlerden bağımsız değil gibi görünmektedir.[21]

## B. BAŞLANGIÇTAKİ CİNSEL AMAÇLARIN SAPLANIMI

**Yeni cinsel amaçların oluşması** — Dış olsun, iç olsun normal cinsel amacın gerçekleşmesini uzaklaştırmak ya da kösteklemek ister gibi görünen bütün koşullar (iktidarsızlık, cinsel nesnenin pahalılığı ve normal eyleme yüklenilen tehlike) doğal olarak, hazırlayıcı eylemlerde kalmayı ve onlardan normal amacın yerini alabilen amaçlar yapmayı kolaylaştırmaktadır. Daha derinleştirilmiş bir inceleme, bu yeni amaçların, —biraz tuhaf görünseler bile— normal cinsel yürüyüşün içinde belirdiğini göstermektedir.

**Cinsel Nesneye bakmak ve dokunmak** — Dokunma bir dereceye kadar (en azından insanlarda) cinsel amacın gerçekleştirilmesi için elzemdir. Cinsel nesnenin üstderisi ile temas, bilindiği gibi haz uyandırır ve kamçılanmayı arttırır. Yine bir süre için dokunmalarda kalmak sapıklıklar arasında sayılamaz; yeter ki bunun arkasından cinsel eylem gelsin.

Son tahlilde, dokunma analizlerine götürülebilen göz izlenimleri de aynı şekildedir. Çok zaman libidoyu uyandıran bu göz izlenimidir ve cinsel nesnede güzellik niteliklerini geliştirmek için kullanılırsa —teleolojik kavramlar kullanmamıza izin verirlerse— doğal seçimin kullandığı usul budur. Uygarlıkla birlikte gelişen bedeni gizleme alışkanlığı, cinsel merakı uyanık tutar ve kişi onun saklı bölümlerini ortaya çıkararak cinsel nesneyi tamamlamak ister. Aynı şekilde ilgi yalnız cinsel, organlar üzerinde yoğunlaşmadığı, fakat bütün bedene yayıldığı zaman merak başka bir yönde, sanat yönünde ("yüceltme – süblimasyon") gelişir.[23]

Belli bir ölçü içinde, normallerin çoğu, bakışın cinsel anlamının gösterdiği ara amaçta durur ve işte bu onlara libidolarını daha yüksek sanat amaçlarına çevirme olanağı veren-şeydir. Buna karşılık, bu görme hazzı şu durumlarda bir sapıklık olur: **a)** Yalnız cinsel organların sınırları içinde kalırsa, **b)** İğrenme bilmezse (dışkı fonksiyonu seyrediciler), **c)** Normal eyleme hazırlanma yerine bundan yüz döndürdüğü zaman. Bu sonuncusu, (gözlemlenmiş birçok hallerden bir sonuç çıkarabilirsem) kendilerine de başkalarınca gösterilmesi için cinsel organlarını gösteren teşhircilerde bulunur.[23]

Amacın bakmak ve bakılmak olduğu bu sapıklıklar pek ilginç bir olguyu açığa vurmaktadırlar. Bunun üzerine başka bir sapıklığı gözden geçirirken tekrar döneceğiz, onun inceliklerini ortaya çıkaracağız. Şunu bilmek gerekir ki, bu hallerde cinsel amaç iki biçim altında görünür: **Etkin ve edilgin.**

Bu sapıklıklara karşıt olan kuvvet **utanma'dır** (önceki iğrenme gibi); fakat kimi zaman güçsüz görünür.

**Sadizm ve Mazoşizm** — Cinsel nesneye acı çektirme arzusu —ya da karşıt eğilim— en çok rastlanan ve hepsinin en önemlisi olan bir sapıklıktır. Kraft - Ebing tarafından etkin ya da edilgin olmasına göre **Sadizm** ya da **Mazoşizm** diye adlandırılmıştır.

Başka yazarlar daha dar; acı, kıyıcılık tarafından sağlanılan hazzı belirten *ulgolagnie* terimini kullanmaktadırlar; oysa Kraft - Ebing'in kullandığı terim her şeyden önce, her çeşit alçalma ve boyun eğmeden sağlanılan hazzı belirtmektedir.

Etkin "algolagnie" ile yani sadizmle ilintili olarak normal yaşamda kaynaklar bulmak kolaydır. İnsanların çoğunun cin, selliğinde bir **saldırma** öğesi vardır; bu, cinsel nesneyi egemenliği altına almayı isteme eğilimidir. Bu eğilimi biyoloji, cinsel nesnenin direncini "ayartma" dan başka usullerle kırmak istediği zaman, erkek için kullanmak gerekliliği ile açıklayabilir. Sadizm bağımsız hale gelen ve başlıca rolü, ele geçirmek olan cinsel dürtünün saldırgan birleşenlerinin yoğun gelişmesinden başka bir şey değildi.

Günlük dilde sadizm teriminin belirli bir anlamı yoktur. Şiddetli görünmek gereksinimi ve hatta tatminin, cinsel nesnenin zorla boyun eğmesi ve ona uygulanan kötü işlemlerle koşullandığı patolojik hallere kadar giden etkin davranmış olmayı da pekâlâ içine alır. Sözcüğün dar ve kesin anlamıyla, yalnız bu son haller sapıklık olarak sayılabilir.

Aynı şekilde, mazoşizm cinsel yaşamın ve nesnesinin karşısında edilgin bir davranışın mümkün olan bütün derecelerini içine alır; tatmin, cinsel nesnesi yönünden psişik ve fiziksel bir acı gerekliliğine bağlandığı zaman en yüksek noktasına erişmiş olur. Sapıklık olarak mazoşizm normal cinsel amaca, sadizmden daha uzak gibi görünür. Bu bakımdan mazoşizmin temel bir olay olup olmadığı ve sadizmden türeyip türemediği sorulabilir. Mazoşizmin, özneye geri dönen bir sadizmden başka bir şey olmadığı ortaya çıkarılmıştır.[24] Özne nesnenin yerini almıştır denilebilir. Mazoşist sapıklığın ağır hallerinin klinik çözümlemeleri insan bu aşırı büyüyen temel bir edilgin cinsel davranışı saptayan bir dizi etkenin karmaşık bir sonucu olduğunu düşünmeye götürür (hadımlaştırılma kompleksi, suçluluk duygusu).

Bu durumlar alt edilen acı önceki durumlarda incelenmiş olan, libidoya karşı koyan utanmaya ya da iğrenmeye benzemektedir.

Sadizmle mazoşizm diğer sapıklıklar arasında özel bir yer tutar. Temel ve karşıt karakterlerini oluşturan etkinlik ve edilginlik genel olarak cinsel yasamın asıl, öğeleridir.

Uygarlık tarihi bize zalimlikle cinsel dürtünün birbirine sıkı sıkıya bağlı olduğunu öğretmektedir. Fakat bu bağlantıyı aydınlatmak için, bu zamana dek libidonun saldırgan öğesinin değerini ortaya koymakla yetinilmiştir. Kimi yazarlar cinsel dürtüde bulunan saldırgan öğenin yamyam şehvetinin bir kalıntısı olduğunu ileri sürmeye kadar gitmektedir ki bu öbür büyük gereksinimi, ontojeneze göre öncel gereksinimi tatmine yarayan egemen olma usullerinin burada bir rol oynadığını söylemeye gelir.[25] Her acının içinde bir haz olanağı sakladığı da ileri sürülmüştür. Böyle bir yorumun bizi tatmin edemediğini ve birçok psişik eğilimin sonuç olarak çıkan sapıklığa katılmak için birleşebildiğini söylemekle yetineceğiz.[26]

Bu dönüklüğü her şeyden önce karakterize eden, aynı kimsede rastlanılan etkin biçimi ile edilgin biçimidir. Cinsel ilişkide acı vermekle haz duyan kimse, duyabileceği acıdan da zevk alma gücüne sahiptir. Bir sadik daima bir mazoşisttir, bu sapıklığın etkin yanının ya da edilgin yanının üstün gelerek cinsel faaliyete ağır basmasını ve onu karakterize edebilmesini önleyemez.[27] Böylece bazı eğilimlerin düzenli olarak *zıt öğeli çiftler* oluşturduklarını ortaya çıkarıyoruz; bu bize kuramsal bakımdan büyük bir önem taşır gibi görünmektedir. Daha sonra inceleyeceğimiz başka veriler bunu kanıtlayacaktır.[28] Ayrıca, şu karşıtlık oldukça açıktır: Sadizm - mazoşizm yalnız saldırma öğesi ile açıklanamaz. Tam tersine bu zıt öğeli birleşmeyi psikanalizin sık sık yerini etkin - edilgin karşıtlıkla değiştirdiği erkek ve dişi karakterleri ile birleştirerek çift cinsliliğe götürmeye gidilecektir.

## III. SAPIKLAR ÜZERİNE
## GENEL YARGILAR

**Değinme ve hastalık** — Bazı belirgin durumlarda ve özel koşullar içinde sapıklıkları incelemiş olan doktorlar gayet doğal olarak, daha önce dönüklükte olduğu gibi bunları hastalık ya da soysuzlaşma semptomları belirtileri olarak kabule yanaşmışlardı. Bununla birlikte, sapıklık durumlarında bu görüşün zayıflığını kanıtlamak daha kolaydır. Deney bize göstermiştir ki, bu sapmalardan çoğu, 'hiç değilse en az ağır haller söz konusu olduğunda, bunlara içsel yaşayışlarının özellikleri gibi bakan normal öznelerin cinsel yaşamlarında nadiren bulunmazlık ederler. Koşullar elverişli olunca, normal bir insanın, belli bir zaman süresince şu ya da bu sapıklığı normal cinsel amacın yerine koyduğu, ya da ona berikinin yanında yer verdiği olabilir. Denilebilir ki, sapık olarak belirtilebilecek, normal cinsel amaca eklenen bir öğeye sahip olmayan kimse yoktur ve bu olgu bize, dönüklük terimine bir ayıplama karakteri vermenin ne kadar az doğrulandığını tek başına göstermeye yetmelidir. Normal psikoloji alanında kalarak, basit değişmelerle hastalık semptomları arasında kesin sınırlamalar kurulur kurulmaz tamamen cinsel alanda pek özel ve çözümlenmez gibi görünen güçlüklere rastlanır.

Bununla birlikte, yeni cinsel amacın niteliği, bazı sapıklıklarda özel bir incelemeyi gerektirir. Gerçekten bazı sapıklıklar normalden öylesine uzaklaşmışlardır ki, onların "patolojik" olduklarını bildirmekten başka bir şey yapamayız. Özel olarak cinsel dürtünün bazı direnmeleri (utanma, iğrenme, korku, acı) yendiği ve olağanüstü eylemler (dışkıları yalama, cesetlerin ırzına geçme) yaptığı sapıklıklarda görülür. Bununla birlikte, bu öznelerde bile başka türden belirgin anormallikler ya da akıl hastalığı semptomları bulunduğunu söylemek yanlışlığa düşmek olur. Bir kez daha, başka her bakımdan normal olan kimseler dürtülerinin emredici egemenliği altında kalarak, cinsel bakımdan hasta kategorisine girebilirler. Öte yandan, başka faaliyetlerde görülen anormalliklerin hepsi cinsel bir sapma temeli üzerinde görülebilirler.

Birçok durumda, patolojik karakter, yeni cinsel amacın içeriğinde değil, onun normal cinsellikle olan bağlantılarında ortaya çıkar. Sapıklık, normal cinsel yaşamı, (amaç ve nesne) **yanında** sürüp gitmiyorsa (koşulların kimi zaman normalliğe, kimi zaman sapıklığa elverişli ya da elverişsiz olduğu ölçüde) üstelik, her fırsatta normal cinsel yaşamı bir yana itip kendisi onun yerine geçiyorsa, işte ancak o zaman münhasırlık ve, saplanım durumunun bulunduğunu söyleyerek sapıklığı bir marazı semptom olarak kabul edebiliriz.

**Sapıklıklardaki psişik etken** — Bunlar belki cinsel dürtünün biçim değiştirmesine psişik katılmayı en iyi gösteren en iğrendirici sapıklıklardır. Sonuçları ne denli korkunç olursa olsun, bunda cinsel dürtünün idealleştirilmesine karşılık veren bir psişik etkinlik payı bulunur. Aşkın tüm kudreti, bu sapıtmalardakinden daha kuvvetli bir şekilde hiçbir zaman görünemez. Cinsellikte en yüksek ve en aşağılık ne varsa, her yerde, en içten bağlantıları gösterirler *(Gökten -Yeryüzü boyunca - cehenneme kadar).*

**İki Sonuç** — Sapıklıkları incelerken, cinsel dürtünün aralarında iğrenme ve utanma gibi belli birtakım psişik güçlere karşı direnç göstermediğini ve savaştığını gördük. Bu güçlerin

Dürtüyü normal sınırlar içine ittiğini ve cinsel dürtü, gücünü adamakıllı kazanmadan önce geliştikleri takdirde bu dürtünün çizeceği yolu onların belirlediğini ileri sürebiliriz.[29]

Daha sonra şunu gözlemledik: Buraya dek incelenmiş olan belli sayıdaki sapıklıkların, ancak, birçok etkenin, birleşik işleyişi gözönünde tutulmak yoluyla kıyaslanabileceğini gördük.

Analiz kabul ediyorlarsa, karmaşık niteliktedirler. Bu, cinsel dürtünün kendi kendine basit bir veri olmadığını, fakat çeşitli birleşenlerden oluştuğunu, bunların sapıklık halinde eriyip birbirine karıştığını bize düşündürür. Klinik gözlemler, yaşamın değişmez akımı içinde gerçekleşmeyen yeni **kaynaşmalar tanıtır.**[30]

## IV. NEVROZLULARDA CİNSEL DÜRTÜ

**Psikanaliz** — Normale oldukça yakın bazı öznelerde onları özel bir yöntemle inceleyerek cinsel dürtü üzerine daha büyük bir bilgi edinmeyi başarabiliriz. Psikonevrozlarda (isteri, saplantılı nevroz, sözde nörasteni, elbette ki erken bunama ve paranoya) cinsel dürtü üzerinde yararlı sonuçlara varmanın bir yolu vardır; bu yol, ilk kez -olarak 1893'te Bre uer ile benim tarafımdan uygulanmış olan o zamandan beri "katartik" dediğimiz yönteme göre söz konusu kimseleri psikanalitik araştırmalara tutmaktır.

Bir yandan yayınlamış olduklarımızı yineleyerek ilk önce şunu diyeceğim: Bana kalırsa bu psikonevrozlar, cinsel dürtülerin kuvvetine geri götürülmelidir. Bunu ileri sürerken yanlız cinsel dürtü enerjisinin patolojik belirtileri destekleyen güçlerin bir bölümü olduğunu söylemek istemiyorum, fakat bu payın nevrozun en önemli ve değişmez olan tek enerji kaynağı olduğunu söylüyorum. Öyle ki hastaların cinsel yaşamı fob belirtilerle tümüyle ya büyük bölümüyle ya da kısmen ortaya çıkar. Bunlar zaten daha önce söylediğim gibi hastanın cinsel faaliyetinden başka bir şey değildir, ileri sürdüğüm şeyin kanıtı bana yirmi yıl önce, isterikler ve başka nevrozlular üzerinde yapılmış, sonuçları başka yazılarda açıklanmış ya da daha sonra açıklanması gereken psikanalitik gözlemlerce sağlanmıştır.[31]

İsteri semptomları belli bir eylem yüzünden (içe tıkma) bilinçli yaşama katılabilecek bir erkinliğe erişememiş olan bir dizi psişik süreçlerin, isteklerin, eğilimlerin vekili, âdeta yer değiştirmesi iseler, psikanaliz bu semptomları yok edebilir. Bu bilinçsizlik içinde tutulmuş olan akılla ilgili oluşlar duygusal değerlerine karşılık verecek bir anlatım, bir boşalma bulmaya eğilim gösterirler. İsterikte bedensel olaylar haline *çevrilme* şekli altında geçenler isteri semptomlarından başka şeyler değillerdir. Bu semptomları duygusal olarak sarılmış canlandırmalar haline getirmeye - ki o zaman bilinçli bir hal alırlar - olanak sağlayan kesin bir teknik yardımı ile o ana değin bilinçsiz kalmış olan bu ussal oluşların niteliğini ve kaynağını anlamada başarıya varılabilir.

**Psikanalizin Sonuçları** — Böylece, deney yoluyla bu semptomların, güçlerini cinsel dürtüden alan eğilimlerin vekili olduğu ortaya çıkarılabilmiştir. Bu buluş, isterinin yatkınlıkları üzerine bildiklerimizle bütün psikonevrozların tipi olarak aldığımız ve onu kışkırtmış olan nedenlere pek uygundur. İsterik normal ölçüyü aşan bir **cinsel içe tıkmadan**, cinsel dürtüye karşı koyan güçlerin (utanma, iğrenme, ahlâk anlayışı) gelişmesinin şiddetlenmesinden acı çeker. İçgüdüsel olarak cinsel sorun ile uğraşmayı reddeder ki, bu tipik hallerde sonuç olarak erginliğin ötesine uzanan tam bir bilgisizlik vardır.[31]

İsterinin temel çizgileri —yalınkat bir gözlemci için— cinsel dürtünün aşırı gelişmesini gösteren, hastalığı meydana getirici ikinci bir etkenin sık sık var oluşu ile maskelenmiştir. Fakat psişik analiz bütün bu durumlardaki içe tıkmayı ortaya çıkarmakta ve böylece şu karşı koyma ikiliğini bularak isterideki sır ve muamma olan şeyleri aydınlatmayı başarmaktadır; bunlar aşırı cinsel gereksinim ve büyütülmüş cinsel kindir.

İsteriye eğilimli bir kimse, erginlik dolayısıyla ya da dış koşulların etkisi ile cinsel isteklerini baskılı bir şekilde duyduğu zaman isterik olmaktadır. Dürtünün itmesi ile cinsel kinin karşıt direnmesi arasında hastalık, hiç de öyle olmadığı halde bir çözüm gibi görünür, oysa bu, uzlaşmazlığı gidermez, fakat onu cinsel eğilimlerin marazı semptomlara çevrilmesi ile savuşturmaya çalışır. Bir adı heyecanın, cinsel ilgi tarafından kamçılanmış bir uzlaşmazlığın sonucunda hasta olan bir isteriğin —örneğin bir erkeğin— durumu yalnızca dış görünüş bakımından istisnadır. Psikanaliz, psişik sürecin normal vadesine erişmesine olanak vermeyerek hastalığı doğurmuş olanın anlaşmazlığın cinsel öğesi olduğunu kanıtlamıştır.

**Nevrozlar ve Sapıklıklar** — Burada ileri sürülen anlayışların hasımlarla karşılaşması, büyük ölçüde normal cinsel dürtü ile psikonevrotik semptomların kaynağında bulmuş olduğum cinsellik şekli arasındaki karışıklık olgusundandır. Fakat psikanalizin öğretimleri daha da uzağa gidiyorlar; psikanaliz bize marazi semptomların normal cinsel dürtünün (hiç değilse münhasıran ya da pek üstün bir şekilde) zararına gelişmediğini, fakat bilinçten uzaklaştırılmak sizin hayalî ya da gerçek eylemlerde anlatım bulabilirse sapık diye adlandırılması gereken bir cinsel dürtülere çevrilmeyi temsil ettiklerini öğretiyor. Demek ki, semptomlar kısmen anormal, cinselliğin zararına oluşuyorlar. *Nevroz âdeta sapıklığın negatifidir.*[33]

Nevrozlularm cinsel dürtüleri, normal bir cinsel yaşamın değişiklikleri ve marazi bir cinsel yaşamın gösterileri olarak incelediğimiz bütün sapışları tanır.

**a)** Bütün nevrozlularda (istisnasız) bilinçsizlik içinde, dönüklük yapmak isteyip de yapamama, libidoyu kendi cinslerinden biri-üzerinde kararlı kılma eğilimleri saptanır. Derinleştirilmiş bir inceleme yapmaksızın, bu etkenin nevrozun oluşmasında alacağı önemi anlamak olanaksızdır. Burada bütün söyleyebileceğim dönüklüğe karşı bilinçsiz bir eğilimin nevrozlarda her zaman bulunduğu ve özellikle erkekteki birçok isteri durumlarının anahtarını verdiğidir.[33]

**b)** Psikonevroz durumlarında, bilinçsizlik içinde marazı semptomlar arasında" anüs ve ağız mukozalarına bir üreme bölgesi değeri veren saldırı özel bir yoğunlukta bulunur.

**c)** Bu psikonevroz semptomları arasında, her zaman zıt çiftler oluşturan ve bizim yeni amaçlar kurabilir diye kabul ettiğimiz kısmî dürtülere önemli bir rol vermek gerekir. Bu yeni amaç seyredicilerde (röntgencilerde) görmek ve teşhircilerde göstermek, etkin ve edilgin biçimleriyle kıyıcılık dürtüleridir. Eğer kıyıcılık dürtüsüne önem verilmezse marazî semptomlara acı olarak ne getirdiği anlaşılmaz; kıyıcılık hemen hemen daima hastanın toplumsal tutumunun bir kısmını belirtir. Büyük sayıda nevrozun semptomatolojisinde bulunan ve hemen hemen tümüyle paranoiya semptomatoloji-sini oluşturan, aşkın kine, tatlı heyecanın düşmanlığa dönüşmesinin nedeni olan şey, libidodaki bu kıyıcılık öğesidir.

Eğer sorunun daha başka görünüşlerini göz önüne alırsak vardığımız bu sonuçların ilgi çekiciliği daha da artar.

**a)** Bilinçsizlik içinde karşıt kısmî dürtüye bağlı bir kısmî dürtü bulunursa bu birincisi daima etki edici olur. Demek ki her etkin sapıklık edilgin sapıklığa eşlik edecektir; bilinçsizliği içinde teşhirci olan kimse, aynı zamanda bir seyredicidir de, sadik eğilimlerin içe tıkılması nedeniyle acı çeken bireyse, mazoşist eğilimlerden türeyen marazî belirtilere yatkınlık gösterecektir. Nevrozlarda karşıt çift eğilimlerin aynı zamanda var oluşu ve bunların "pozitif" sapıklıklarla koşutluk kurmaları pek ilgi çekici bir olgudur. Bununla birlikte, hastalığın klinik tablosunda karşıt eğilimlerden biri ya da diğeri üstün bir rol oynamaktadır.

**b)** Psikonevrozların daha belirli hallerinde, bu sapık dürtülerin bir teki nadiren bulunur, fakat birçoğunun, genellikle hepsinin izi vardır. Bununla birlikte, her bir dürtünün şiddeti öbürünün gelişme derecesine bağlı değildir. Ve yine, bu nedenle, pozitif sapıklıkların incelenmesi bize nevrozların tam tersi fikrini verir.

## V. KISMİ DÜRTÜLER VE EROJEN BÖLGELER

Pozitif ve negatif sapıklıklar üzerine yaptığımız araştırmaları özetlersek, onları kısmî, fakat ilkel olmayan ve analizle parçalanabilen bir dürtüler grubuna bağlamak bize apaçık görünür. "Dürtü" ile organizmanın içinden gelen sürekli bir uyarma kaynağının psişik temsilcisini belirtiyoruz. Bu iç uyarmaları, dış ve kesintili "uyarım"dan ayırmak gerekir. Demek ki dürtü psişik ve fizik alanların sınırındadır. En basit ve önce kendini kabul ettiren anlayış, dürtünün kendi kendine hiçbir niteliğe sahip olmayacağı ve yalnız psişik yaşamda belli bir iş üretme gücünde bir nicelik olarak bulunduğudur. Dürtüleri birbirinden ayıran ve özel bir karakter gösteren şey, onların beden-

38

sel (somatik) kaynaklarına ve amaçlarına olan bağlantıda dile gelir. Dürtünün kaynağı bir organın uyarılmasında bulunur; yakın amacı ise böyle bir organik uyarımın yatışmasıdır.[35]

Dürtülerin incelenmesinden çıkarılmış ve ihmal edemeyeceğimiz başka bir geçici kavram da kimyasal bünyelerine göre birbirinden ayrılan bedensel uyarmaların iki düzende olmasıdır. Bu uyarmalardan birini özellikle cinsel ve buna karşılık veren organı "şehvet uyandırıcı bölge" olarak belirteceğiz ki kısmî cinsel dürtü buradan ileri gelir.[36]

Sapık eğilim ağız boşluğuna ve anüs deliğine doğru taşındığı zaman, şehvet verici (erojen) bölgenin rolü açıktır. Bu durumda erojen bölgeler her bakımdan. Cinsel aygıtın bir parçası gibidir. İsteri alaylarında, bedenin bu bölümleri ve bu bölgelerin mukozaları yeni düyunların merkezi haline gelir; sinir uçlarının değişiklikleri —adale geriliminkiyle kıyaslanabilir bir süreç bile denilebilir— öyle olur ki, normal uyarıldıkları zaman asıl üreme organları gibi çalışırlar.

Üreme aracının fonksiyonlarını bile ele geçirerek ikinci derecede üreme araçları gibi erojen olan bu bölgelerin önemi, isterilerde bütün öbür psikonevrozlardakinden daha ilgi çekicidir. Bu olgu her şeye karşın yine de patolojik durumların genelliği içinde bu bölgelerin rolü ihmal edilebilir demek değildir, onları ayırt etmek sadece daha güçtür; çünkü bu olayların semptomatölojisi (saplantılı nevroz, paranoya) beden işlevlerini yöneten merkezlerin en uzakları olan psikolojik aracın bölümlerim gösterir. Saplantılı nevrozlarda yeni cinsel amaçların yaratılmasına neden olan ve erojen bölgelere bağlı görünmeyen hareketlerin önemi özellikle dikkati çeker. Bununla birlikte

seyredicilikte erojen bölge rolünü oynayan, görme organı-
dır; oysa kıyıcılık, acı çektirme işe karışınca, erojen bölge
olarak çalışan üstderidir. Vücudun bazı bölümlerinde deri
duyusal organ olarak ayrılır ve mukoza haline döner. O
halde en iyi erojen bölge olur.[37]

## VI. PSİKONEVROZLARDA CİNSEL SAPIKLIĞIN AÇIK EGEMENLİĞİNİN ANALİZİ

Daha önce anlatılmış olanlar psikonevrozlar üzerine
yalancı bir ışık tutmuş olabilir. Nevrozlunun cinsel dav-
ranışında, sapıklara yaklaştığı ve normal insandan pek
uzaklaştığı sanılmıştır. Bu hastaların bünye durumlarının
çok büyük cinsel içe tıkmalarla az büyük olmayan cin-
sel gereksinimlerden başka sözcüğün en geniş anlamıyla
sapıklığa karşı pek özel bir eğilimi içine aldığı büsbütün
kabul edilmekle birlikte, daha az ağır hallerin incelen-
mesi bu son varsayımın her zaman gerekli olmadığını
gösterir. En azından hiç değilse, marazı etkileri değerlen-
dirmek için bir etkenin soyutlanmasını yapmak gerekir.
Nevrozluların çoğunda patolojik hal ancak erginlikten
sonra, normal bir cinsel yaşamın istekleri başladığı sırada
ortaya çıkar. Bu isteklere her şeyden önce içe tıkma karşı
koyar. Hastalık ise, libidonun, normal doyuma ulaşamayı-
şından dolayı daha sonra görülür. Her iki durumda libido-
nun akışı, ana yatağından dönen bir ırmak gibi durur ve
o zamana kadar kullanılmadan kalmış yan yollara sapar.
İşte bu şekilde, nevrozlularda açıktan açığa pek belli olan
sapıklığa (tabiî negatif) eğilim yan yollarla oluşabilir ya
da hiç değilse güçlenebilir. Cinsel içe tıkmaya iç etkenler
gibi dış etkenler de gelip eklenir. Bunlar özgürlüğün kısıt-
lanması, normal bir cinsel nesneye erişme olanaksızlığı,
cinsel birleşmeye bağlanan tehlikeler algısı v.b.'dır dır ki
böylece, eğer olmasalardı normal kalacak olan kimselerde
sapıklığı belirlerler.

Bu bakımdan çeşitli nevrozlarda, başkalıklar olabilir. Bazen, bu nevrozun karakterini verecek olan sapık, başlangıç durumu düzeyinde olacaktır ve bazen libidonun yana sapması yüzünden varılmış bir düzey olacaktır, işbirliği olan bu yerde bir karşıtlık görmek boşuna olur. Nevroz, bünye ve yaşanmış deneyler aynı yönde hareket ettiği zaman maksimumuna erişir. Nevroza yatkın bir bünye, yaşanmış deneyler olmasa da aynı yönde gelişebilir; oysa yaşamın derin bir düzensizliği, normal bünyeli bir insanı nevroza düşürebilir. Bu zaten başka alanlardaki doğuştan gelen öğe ile edinilmiş öğenin etiyolojik değeri' için aynı şekilde doğrudur.

Sapıklıklara özel bir yatkınlık göstermenin psikonevrotik bünyenin karakterlerinden birini oluşturduğu kabul edilmek istenirse, bu tür bünyelerin şu ya da bu erojen bölgenin ya da bir kısmi dürtünün egemen olmasına göre çeşitlilik gösterebileceklerini düşünmek gerekir. Belli bir sapık durumla, belli bir marazî şekil arasında özel bir bağlantı bulunup bulunmadığı söylenemez. Bu alandaki başka birçok noktalar gibi bu nokta da henüz incelenmemiştir.

## VII. CİNSELLİĞİN ÇOCUKSU KARAKTERİ ÜZERİNE İLK BELİRTİLER

Psikonevrozların semptomatolojisinde sapık eğilimlerin rol oynadığını kanıtlamamız, sapık denilenlerin sayısını büyük ölçüde artırmış oluyor. Nevrozlular yalnız bir kalabalık kimseler kategorisini oluşturmazlar, fakat bunlar çeşitli gösterilerinde hastalıktan sağlığa giden kırılmaz bir zincir kurarlar. Moebius şöyle demekte haklıdır: "Hepimiz biraz isteriz." Böylece bu sapıklık yaygınlığı karşısında, sapıklığın az bulunur ve 'müstesna' bir durum olmadığını, fakat normal insan yapısının içinde bulunan ayrılmaz bir parça olduğunu da kabul etmiş bulunuyoruz.

Sapıklığın doğuştan gelip gelmediğini, ya da Binet'nin fetişizm için kabul ettiği gibi, kaynağını yaşanmış deneylere borçlu olup olmadığım öğrenmek noktası üzerinde tartışabilmiştir. Şimdi biz şunu söylemek iznine sahibiz: Bütün sapıklıklarda gerçekten, doğuştan bir etken vardır, fakat bu etken **bütün insanlarda bulunmaktadır**. Şiddetinde bir değişiklik olması ve ortaya çıkabilmesi için dışardan gelmiş izlenimlere gereksinimi vardır. Burada doğuştan gelen, bünyeye bağlı yatkınlıklar söz konusudur ki, bunlar kimi durumlarda cinselliği belirleyen etkenler olurlar (sapıklarda); kimi durumlarda ise ancak eksik bir şekilde önlendiklerinden (içe tıkma) marazi semptomlar haline gelerek dolaylı bir yolla cinsel enerjinin pek büyük bir bölümünü ele geçirebilirler, oysa bazı mutlu durumlarda, iki uç arasında* etkili bir sınırlama ile ve yatkınlıkların uğradığı değişikliklerle, normal cinsel yaşam dediğimiz durumu kuracaktır.

Şunu da ekleyeceğiz ki, bütün sapıklıkları filiz halinde içiçe alan varsayımcıl bünye, (bu dürtüler, çocuk zayıf bir yoğunlukta sunsa bile) ancak çocukta bulunabilir. Eğer nevrozluların, cinselliğin çocuksu durumunda kalmış ya da yeniden o duruma dönmüş olduğunu düşünmeye gidersek, ilgimizin çocuğun cinsel yaşamı üzerine taşınması gerekir gibi görünmektedir. İster sapıklığa, ister nevroza, sonunda ister normal cinsel yaşama dek olsun, çocuk cinselliğinin evrimini belirleyen etkiler ağını çözmeyi deneyeceğiz.

# İKİNCİ BÖLÜM

## ÇOCUK CİNSELLİĞİ

**Cinselliğin incelenmesinde çocuğun unutulması** — Cinsel dürtünün çocuklukta bulunmadığı ve ancak erginlik döneminde ortaya çıktığı uyandığı genel olarak kabul edilmiştir. Bu, sonuçları bakımından ağır bir yanılgıdır. Çünkü, cinsel yaşamın temel koşulları karşısında içine düştüğümüz bilgisizlik buradan kaynaklanmaktadır. Çocuğun cinsel gösterilerinin derinliğine inersek, cinsel dürtünün ana çizgilerini açığa çıkarırız; bu dürtünün evrimini anlarız ve nasıl çeşitli kaynaklardan çıktığını görürüz.

Yetişkinin özelliklerinin ve tepkilerinin incelenmesine' kendilerini vermiş olan araştırmacıların, bu tarih öncesine, kalıt olarak alman geçmişe pek büyük bir önem vermeleri dikkati çekicidir; oysa, herkesin varlığında bulunan başka bir tarih öncesini, çocukluğu savsaklarlar. Oysaki, çocukluk döneminin etkilerini ortaya çıkarmak daha kolay gibi görünmektedir ve bu etkileri kalıt alman geçmiş şeylerden daha üstün kılmak gerekir.[38]

Edebiyatta, gerçekten, küçük çocuklardaki erken uyanan cinsel eylemlerle ilintili bazı gözlemler, (kas gerilimleri, mastürbasyonlar, hatta cinsel birleşme taklitleri) bulunur; fakat bunlar her zaman müstesna, olağanüstü durumlar, erken ahlak bozulmasının çirkin örnekleri olarak kabul edilirler. Benim bildiğim hiçbir yazar" çocuktaki cinsel dürtünün düzenli olarak ortaya çıktığını göstermemiştir ve şu son zamanlarda sayıları çok artmış olan, çocuğun gelişmesi üzerine yazılmış yapıtlarda, çocuk cinselliğini ele alan konu bulunmamaktadır.[39]

**Çocuk Amnezisi** — Bu boşluğun nedeni, biraz, yazarların eğitimleri dolayısıyla gösterdikleri alışılmış çekingenliklerinde ve biraz da bugüne dek her açıklamadan kaçmış olan psişik düzendeki bir olayda bulunur. Burada, insanların hepsi için değilse bile çoğu için yaşamlarının ilk altı ya da Sekiz yılını kalın bir örtü ile saran o garip *amnezi* olayım anımsatıyorum. Şimdiye dek, bu amneziyi (unutma hastalığı), hiç bizi şaşırtmayan doğal bir olay olarak kabul etmişizdir; oysa, hiç de öyle olmaması gerekirdi. Gerçekten belleklerimizde ancak bazı anlaşılmaz anı parçaları bırakmış olan bu yıllar boyunca, bize söylenmiş olduğuna göre, dış dünyanın izlenimlerine karşı canlılıkla tepkide bulunmuşuzdur. Diğer insanlar gibi sevincimizi ve acımızı açığa vurmuşuzdur, sevgi, kıskançlık ve zaman bizi kuvvetle sarsan başka tutkular göstermişizdir; hatta büyük kişilerin bizim zekâmızın ve anlayış gücümüzün kanıtları olarak tuttukları sözlerimizden kimileri anımsanır. Oysa bütün banlar, yetişkin olduğumuz zaman natırımızdan çıkar. Öyleyse, belleğimiz bu noktada, başka psişik fonksiyonlarımızdan nasıl geri kalıyor? Yaşamın başka hiçbir döneminde, bellek artık izlenimleri kaydetme ve yeniden ortaya çıkarma gücünde olmamış olsaydı buna inanma nedenlerine sahip bulunurduk.[40]

Bir diğer yandan, başkaları üzerinde yapılmış gözlemlerden, bu unutulmuş izlenimlerin psişik yaşamımızda derin izler bıraktığını ve daha sonraki tüm gelişmemizi belirlediğini kabul etmek ve böyle bir sonuç çıkarmak zorundayız. Demek ki, çocukluk izlenimlerinin gerçek bir kaybolması söz konusu değildir, fakat nevrozlulardakine benzeyen bir amnezi, daha ileri bir yaşta geçmiş olayların anısını silmiştir ki bu, bilinçteki bazı izlenimleri tanımayı kabul etmemekle karakterize edilir (içe tıkma). Çocukluk izlenimlerinin içe tıkılmasına neden olan güçlerin neler olduğunu öğrenmek kalıyor. Bu soruya bir yanıt bulacak olan kimse, bununla bile, isteri amnezisini açıklamış olacaktır.

Gelgelelim, çocuk amnezisinin, çocuğun akıl durumu ile nevrozlununki arasında yeni bir yakınlaşma yapmaya olanak sağladığı dikkati çeker. Aslında bunlar arasında, nevrozlunun cinselliğinin çocukça karakterleri sakladığım ya da hiç değilse bu karakterlere geri gitmiş olduğunu ortaya çıkardığımız zaman, bir benzerlik bulunduğunu kanıtlayabilmiştik. Çocuk amnezisinin bile çocuk cinselliği ile bağlantısız olmadığını düşünmeye gidilemez mi?

Aslında durum ne olursa olsun, çocuk amnezisini isterik amneziye bağlamak basit bir zekâ oyunu değildir. İçe tıkmaya yardımcı olan isterik amnezisi, yalnız şu olgu ile açıklanır: Kişi, anıları tarafından kendisine bırakılmış birtakım izler topluluğuna sahiptir, bilinç ise bunu belli bir düzene sokamaz. Bu izler bir çağrışım süreci ile bilinçten hareket eden güçlerin ittiği ve içe tıktığı öğeler için çekim merkezleri oluştururlar.[41] Bu nedenle, çocuk amnezisi olmasaydı isteri amnezisi olamazdı, denebilir.

Her birimiz için çocuklukta bir tür **tarihöncesi** yaratarak ve cinsel yaşamın başlangıçlarını bizden gizleyerek, genellikle cinsel yaşamın gelişmesindeki çocukluk döneminin önemini dikkate alınmayı ihmal ettiren çocuk amnezisidir. Bu boşluğu tek bir gözlemcinin doldurması olası değildir. Ben daha 1896'da, cinsel yaşama bağlı bazı temel olayların üreyişinde yaşamın ilk yıllarının önemini belirttim, o zamandan beri de bu veri üzerine dikkati çekmekten geri durmadım.

# I. ÇOCUKLUK DÖNEMİNDE CİNSELLİĞİN GİZLİ KALIŞI VE BUNUN ARADA BİR MEYDANA ÇIKIŞI

Bu zamana kadar bilinçsiz kalmış çocukluk anılarının nevrozlularda ortaya çıkarılması gibi, çocuklarda, güya anormal ve 'müstesna' denilen cinsel hareketlerin sık sık oluşu anlaşılınca, çocuğun cinsel tutumu aşağıdaki biçimde saptanabilir.[42]

Çocuğun, doğuşunda bazı cinsel filizler getirdiği besbellidir. Bunlar bilinen bir süre içinde gelişmekte, sonra gittikçe ilerleyen, sırasında gelişmenin düzenli itmeleri ile kesilen ya da kişinin özellikleri dolayısıyla duraklayan bir baskıya uğramaktadır. Bu gelişmenin salınımlarının düzenliliği ve zaman zaman oluşu üzerine kesin hiçbir şey söylenemez, fakat öyle görülüyor ki çocuğun cinsel yaşamı üçüncü ya da dördüncü yaşına doğru çoktan onu gözleme elverişli kılan bir şekil altında görünmektedir.[43]

**Cinsel Yasaklamalar** — Toptan ya da 'kısmî' gizlilik dönemi süresince, daha sonra cinsel dürtülere engelleyecek ve onların akışım sınırlayacak, daraltacak setler (iğrenme, utanma, ahlaksal ve estetik amaçlar) haline gelecek olan psişik güçler oluşurlar. Uygar bir toplum içinde doğmuş çocuk karşısında, bu setlerin eğitimin eseri olduğu duygusu vardır: elbette eğitim buna katılır; gerçekte organizma ile koşullanan ve soyaçekim tarafından saptanan bu evrim, bazen eğitim hiç araya girmediği halde de olabilir. Eğitim kendi sınırları içinde kalmak için, organik bakımdan esas öğelerde önceden oluşmuş olan şeyin izlerini tanımakla, onu derinleştirmekle ve temizlemekle yetinmek zorunda kalacaktır.

**Tepkisel Oluşum ve Yüceltme** — O halde, cinsel eğilimlere set çekme gücünde olan ve kişinin gelişmesinin 'alacağı doğrultuyu kararlaştıran bu kuruluşlar nasıl yapılmaktadır? Çocuğun, gizlilik döneminde var olmayı sürdürmüş, fakat toptan ya da "kısmî' şekilde, asıl kullanımlarından çevrilmiş ve başka amaçlara uygulanmış olan cinsel eğilimlerinin zararına oluşmaktadır. Sosyologlar, cinsel güçleri amaçlarından döndüren ve onları yeni bir amaç için kullanan sürecin, *yüceltme* (süblimasyon) adı verilmiş olan sürecin, uygarlığın başarıları için en güçlü etkenlerden biri olduğunu söylemekte uzlaşmış gibi görünmektedirler. Memnunlukla şunu da ekleyeceğiz: Aynı süreç, kişinin gelişmesinde bir rol oynamakta ve bu rol cinsel gizlilik döneminde başlamaktadır.[44]

Yüceltme mekanizmasının niteliği üzerine bir varsayım ileri sürülebilir. Cinsellik, bu çocukluk yılları boyunca görev-siz kalır; —doğurma fonksiyonları henüz yoktur— bu, bir yandan gizlilik döneminin temel karakteridir, öte yandan cinsellik kendiliğinden sapık bir hal alacaktır, yani şehvet uyarıcı bölgeden hareket edip bireyin sonraki gelişmesine uyan dürtülerce sürüklenerek ancak hazsızlık doğurabilecektir.

Kışkırtılan bu cinsel uyarmalar, böylece, karşı güçler ve tepkiler harekete getirirler ki bunlar hoş olmayan bu duyumları etkili bir baskı altına alabilmek için bizce bilinen psişik setleri (iğrenme, utanma, ahlak) kuracaklardır.[45]

**Gizlilik Döneminin Kesintileri.** — Gizlilik dönemiyle ilintili görüşlerimizin varsayıma dayanan niteliği üzerinde kendimizi aldatmak istemeksizin, yukarda anlattığımız şekilde değişmesinin, kişinin ancak kusurlu olarak erişebildiği, çoğu zaman oldukça uzaklaştığı ideal eğitimin amaçlarından birini temsil ettiğini söyleyeceğiz. Bazen 'yüceltme' den kaçan bir cinsel yaşam parçasının bir patlayış yaptığı; ya da bütün gizlilik süresi boyunca, erginlikle birlikte cinsel dürtünün gelişip ortaya çıkmasına kadar cinsel bir etkinlikle bulunduğu olur.

Eğitimciler, çocuk cinselliği üzerine biraz dikkat gösterdikleri kadar, cinselliğin zararına, savunucu ahlaksal güçlerin oluştuğuna ilişkin görüşümüzü paylaşmışlardır ve dolayısıyla cinsel etkinliğin çocuğu eğitilmez kıldığım biliyorlarmış gibi davranırlar. Çocuğun bütün cinsel gösterilerini, onlara karşı büyük bir şey yapmaksızın «kötü huylar» olarak görürler. Ama biz, eğitimin pek korktuğu bu olay ile ilgilenmek için her hakka sahibiz. Çünkü bizi, cinsel dürtünün başlangıç şekli üzerinde aydınlatmaktadır.

## II. CİNSELLİĞİN ÇOCUKTAKİ GÖSTERİLERİ

**Emme.** — Daha ilerde göreceğimiz motifler için, emmeyi çocuğun cinsel gösterilerinin tipi olarak alıyoruz; Macar çocuk eğitimcisi (pediatr) Lindner, pek güzel bir incelemesini buna ayırmıştır.[46]

Daha süt çocuğunda bulunan ve olgun yaşa dek, hatta büyük yaşam boyunca süren emme ve azar azar içine çekme, amacı bir besini söğürme olmayan dudakların ritmik ve yinelenen bir hareketinden başka bir şey değildir. Dudağın bir bölümü, dil, derinin başka bir bölgesi, sık sık ayak başparmağı bile emme nesneleri olurlar. Aynı zamanda başka bir dürtü belirir, bu ritmik bir biçimde kulak memesini tutmak ve çekiştirmektir, çocuk başka bir kimsede aynı şekilde yakalayabileceği bir vücut bölümü arar. (Bu, çoğu zaman kulak memesidir.)

Emme zevki çocuğun bütün dikkatini alır, sonra onu uyutur ya da ona hareket verici tepkilere, bir tür orgazma götürür[47]. Yine sık sık emmek göğsün ve dış üreme kırımlarının, tekrarlı dokunmasına eşlik eder. Böylece, çocuklar çoğu zaman emmeden mastürbasyona geçerler.

Lindner'in kendisi bu eylemin cinsel niteliğini açıkça tanımıştır. Anneler çoğu zaman emmeyi çocuğun başka cinsel kötü alışkanlıklarına benzetirler. Çok sayıda pediatr ve nörolog böyle bir anlayışa karşı ciddi itirazlar ileri sürmüşlerdir. Bu itirazlar kısmen "cinsel" ile "üremsel" (tenasülî) terimlerinin birbirine karıştırılmasından kaynaklanmaktadır. Burada gözlemlediğimiz aykırılık, çocuktaki cinsel gösterilerin tanınacağı ölçünün ne olduğunu öğrenmek bakımından güç ve çözümlenmez bir sorun ortaya çıkarmaktadır. Bana öyle geliyor ki, psikanalizin aydınlattığı olaylar zincirlenmesi, emmenin cinsel bir eylem olduğunu söylememize ve onda, çocuk cinselliğinin ana çizgilerini incelememize olanak sağlamaktadır.[48]

**Otoerotizm** (Kendi kendini cinsel uyanma) Vermiş olduğumuz örnek, özel bir dikkate değer görünmektedir. Bu cinsel etkinliğin en göze batıcı karakteri bize, başka bir kişiye karşı yönelmemiş olmasıdır gibi görünmektedir. Çocuk kendi bedeniyle kendini doyuma ulaştırmaktadır; Havelock Ellis'in bir terimini kullanmak istersek, davranışı *otoerotik*'tir.[49]

Burada öyle görülüyor ki, çocuk emerken bu eylemde daha önce duyduğu ve şimdi anımsadığı bir haz aramaktadır. Derinin ya da mukozanın bir bölümünü ritmik bir biçimde emen çocuk doyuma ulaşmaktadır. Çocuğun şimdi yenilemeye çalıştığı bu hazzı ilk kez hangi koşullarda duyduğunu görmek kolaydır. Bu, çocuğun, yaşamdaki ilk ve temel etkinliğidir; ona anne memesini ya da onun yerini alan şeyi emmeyi öğretmiştir- Çocuğun dudaklarının *erojen bölge* rolü oynadığını ve sıcak süt akışının neden olduğu uyarmanın haz doğurduğunu söyleyeceğiz. İlkin, erojen, bölgenin doyumu, açlığın yatışmasına sıkıca bağlı olmuştur. Cinsel etkinlik başlangıçta yaşamı koruma işlevlerine yöneldiği halde, zamanla onlardan ayrılır ve bağımsızlaşır. Doymuş olan çocuğun memeyi bırakması ve annenin kolları arasına düşmesi, yanakları kırmızı bir halde mutlu bir gülümsemeyle uyuması görüldüğü zaman insan, bu görünüşün, daha sonra tanıyacağı cinsel doyumun modeli ve anlatımı kalacağını söylemekten kendini alamaz. Fakat çok geçmeden, cinsel doyumu yineleme gereksinimi beslenme gereksiniminden ayrılır ve dişlerin çıkmaya başlamasından sonra, besin artık yalnızca emilecek değil çiğnenecek şey olunca, ayrılma kaçınılmaz bir hal alır. Çocuk o zaman, emmek için, artık bedenin dışında bir şeyi kullanmaz, fakat daha kolay erişilebilir olan kendi bedeninin bir bölümünü yeğler; çünkü böylece kendini, henüz egemenliği altına alamadığı dış dünyadan bağımsız kılar; yine bu sekile de, birincisinden daha az değerde olmakla birlikte ikinci bir erojen bölge yaratır. Bu ikinci bölgenin yetersizliği, çocuğu eşdeğerde bir şeyi aramaya götüren nedenlerden biri olur; ' bu, başka birinin dudaklarıdır- Ona, "Yazık ki kendi kendimi öpemiyorum" dedirtebilir.

Bütün çocuklar emmez. Bunun, dudak bölgesinin duyarlığı doğuştan pek gelişmiş çocuklara özgü olduğu sanılır. Bu duyarlık sürerse, çocuk sonradan bir öpme heveslisi olacaktır; dönük öpüşler arayacak ve erkek haline gelince içkiye ve sigaraya düşkünlük gösterecektir. Fakat içe tıkma varsa, besinlerden iğrenme duyacak ve isteri kusmaları başlayacaktır. Ağız -' dudak bölgesinin ortaklaşa kullanılması dolayısıyla, içe tıkma iştah üzerine taşınacaktır. Tedavi ettiğim çok sayıda kadın arasında, iştah bozuklukları, isterik bulantı, boğazın sıkışması duygusu, kusma gösterenler, çocuklukları sırasında kendilerini emmeye tutkuyla vermiş olanlardır.

Emme olgusu bize, çocuk cinselliğinin üç ana karakterini göstermiştir. Bu, yaşamak için temel olan bir fizyolojik işlev üzerine dayanarak gelişir. Henüz cinsel nesneyi bilmez, oto-erotiktir; amacı, *erojen bölge'nin* etkinliği ile belirlenmiştir. Peşin olarak söyleyelim ki, bu karakterler çocuğun erotik gösterilerinin çoğunda bulunurlar.

## III. ÇOCUK CİNSELLİĞİNİN CİNSEL AMACI

**Erojen Bölgelerin Karakterleri**. — Emme örneği, erojen bir bölgenin karakteri üzerine bize çok şeyler öğretebilir. Erojen bir bölge, belli bir şekilde uyarıldığı zaman derinin ya da mukozanın özel nitelikte bir haz duyusu sağlayan bir bölümüdür. Kuşkusuz, hazzı doğuran uyarma, bizim bilmediğimiz bazı koşullara bağlıdır. Bu, çok sayıdaki koşullar arasında ritmik karakter kuşkusuz bir rol oynar; gıdıklanma ile bir benzerliği olduğu açıktır. Bu uyarmanın doğurduğu hazzın taşıdığı karakterin "özgül" olduğu ve cinselliği karakterize eden şeyin bu özgüllükte bulunduğu pek de belli değildir. Haz ve acı sorunu karşısında psikoloji hâlâ karanlıkta el yordamı ile araştırmalar yapmaktadır; öyle ki en ihtiyatlı açıklamalarla yetinmek doğru olur. Daha sonra, haz duyumunun özgüllük karakterini açıkça söylememize olanak verecek nedenleri belki bulacağız.

Şehvet uyandırma özelliği yalnız bedenin tazı bölgelerine bağlı gibi görünmektedir. Emme örneğinde göstermiş olduğumuz gibi, aranılan erojen bölgeler vardır; fakat bu aynı örnek bize derinin ya da mukozanın erojen bölge olarak kullanılabileceğini ve dolayısıyla böyle bir kullanılmaya yarayan bazı karakterlere sahip bulunması gerektiğini öğretmektedir. Demek ki haz duyumunda önem taşıyan şey, bedenin uyarılan bölgesinin niteliğinden çok, uyarım biçimidir. Şehvet duymak için emen çocuk, bedeni üzerinde, sonradan alışkanlıkla yeğ tutulan yer haline gelecek herhangi bir bölüm arar: Rastlantı, onu özellikle uygun bir bölge (meme ucu, üreme organları) ile karşılaştırırsa, bu bölge üstünlük kazanır. İsteri semptomatolojisinde, benzer yer değiştirmeler buluyoruz. Bu halde, içe tıkma daha çok üreme bölgesine 'isabet' etmekte ve bunlar uyarılabilirliğini, başka erojen, bölgelere, çoğu zaman yetişkin insanın yaşamında biraz değeri düşük olan ama o zamandan sonra üreme organları gibi hareket eden bölgelere, aktarırlar. Aslında, bütünüyle emmede olduğu gibi, bedenin herhangi bir bölgesi üreme organının uyarılabilirliğini alabilir ve erojen bölge haline yükselebilir. Erojen (şehvet doğuran) ve isterojen (isteri doğuran) bölgeler aynı karakterlere sahiptirler.[50]

**Çocuk Cinselliğinin Amacı.**— Çocuktaki cinsel dürtünün amacı şu ya da bu erojen bölgenin uygun bir biçimde uyarılması ile elde edilen doyumdan ibarettir. Çocuğun bunu yinelemek istemesi için önceden doyum sağlamış olması gerekir ve biz şunu kabul etmek zorundayız ki, doğa böyle bir doyumu rastlantıya bırakmayacak biçimde, yapmıştır.[31] Ağız - dudak bölgesine ilişkin olarak doğanın böyle amaçlara varmak için kullandığı usuller biliyoruz. Bedenin bu bölümü, aynı zamanda besinlerin alınmasına yaramaktadır. Cinsel etkinliğin kaynakları olan başka mekanizmalara da rastlayacağız. Doyum arama isteği iki şekilde belirir: Önce içinde' acı veren bir şey bulunan özel bir gerilim duygusu ile, sonra *merkezî kaynak'ın* bir uyarılması, çevresel erojen bölgeye yönelen şiddetli bir kaşıntı ile. Öyleyse denilebilir ki, cinselliğin amacı, erojen bölgeye yansıtılmış olan uyarılmışlık duyumunun yerine, bu duyumu yatıştıran ve bir doyum duygusu yaratan bir dış uyarım koymaktır. Bu dış uyarım çoğu zaman emmeye benzeyen bir işleyiştir.

Bu gereksinimin, (erojen bölgenin bir değişmesi ile) çevrede de uyandırılabileceği olgusu, bizim fizyolojik bilgilerimizle bütünüyle uyuşmaktadır; yalnız, bir uyarımın yatışması için aynı yere başka bir uyarım uygulanmasına başvurma gerekmesi biraz şaşırtıcıdır.

## IV. CİNSEL GÖSTERİLER
### MASTÜRBASYON [52]

Cinsel etkinliğin temelini tanımak için, cinsel dürtünün erojen bölgelerden birindeki etkinliğini öğrenmenin, bize yettiğini memnuniyetle görüyoruz. Rastlayacağımız ayrılıklar, doyum sağlamak için gerekli olan yöntemlerle ilgilidir: Ağız -dudak bölgesi için emme, öbür erojen bölgeler için topografyalarına ve özelliklerine göre başka türde bir kas hareketidir.

**Anüs Bölgesinin Etkinliği.** — Anüs bölgesinin anatomik durumu, tümüyle ağız - dudak bölgesininkinde olduğu gibi onu, bir cinsel etkinliği başka bir fizyolojik etkinlik üzerine *dayandırmak* için elverişli kılar. Bu bölgenin şehvet uyandırıcı değerinin başlangıçta pek büyük önem taşımış olduğu sanılabilir. Psikanaliz yoluyla, bu bölgede doğmuş olan cinsel uyarmaların normal olarak ne gibi değişikliklere uğradığı ve bu bölgenin, bireyin bütün yaşamı süresince üremsel uyarılmaya yol açmasının ne denli sık olduğu hayretle öğrenilmektedir.[53] Çocukta pek sık görülen bağırsak bozuklukları, bu bölgede şiddetli bir duyarlılık yaratır. Küçük yaştaki bağırsak nezlesi (catarrhe), çocuğu denildiği gibi "sinirli" yapar. Daha sonra kaynağını sinirden alan bazı marazi bozukluklar, semptomatolojilerde bütün bir sindirim bozuklukları dizisini kullanırlar. Anüs bölgesinin erojen karakteri, hiç değilse değişmiş bir biçim altoda sakladığı karakter, göz önüne alınınca bazı nevrotik hallerin doğuşunda hemoroitlere verilen de geri, eski hekimlerin o kadar önem bağladığı değeri, acı bir alay konusu haline getirmek haksız bir hareket olur.

Anüs bölgesinin erojen duyarlığını kullanan çocuk, dışkı maddelerini, şiddetli kas büzülmelerine yol açın-ca-ya ve anüsün halka kasından geçerken mukoza üzerinde kuvvetli bir uyarma yapıncaya dek tutmakla açığa vurur. Bir acı duygusuna, bir zevk duygusunun eklendiği sanılabilir. İşte, daha sonraki karakter tuhaflığının ya da sinirliliğin en iyi belirtileri: Çocuk, lâzımlığa oturduğu zaman bağırsaklarını boşaltmaya yanaşmaz ve annesinin emrini ve öğütlerini dinlemeyerek, bu işi, ne zaman hoşuna giderse o zaman yapmakta direktir. Elbette, yatağını, kirletmekten çekinmez; onun için önemli olan, dışkının fazla birikmesi ile elde ettiği hazzı kaçmaya bırakmamaktır. Eğitimci, böyle çocuklara küçük zevk düşkünleri' dediği zaman yanılmaz.

Cinsel duyarlığa sahip bir mukoza için bağırsağı dolduran şey, demek ki uyaran bir cisim rolü oynamakta, çocukluktan sonra işe karışacak olan bir tür temel organa öncülük etmektedir; fakat bunun başka önemli anlamları da vardır. Çocuk dışkıyı bedeninin bir parçası gibi görür; onun için bu dışkı, veriyorsa uysallığını, reddediyorsa inatçılığını kanıtlamaya yarayan bir "armağan"dır. Daha sonraları çocuk, bu armağan kavramından "bebek" kavramına geçer ki, bu çocuk cinselliği varsayımlarından birine göre, yiyerek edinilir, peydahlanır ve bağırsak yoluyla doğar.

Başlangıçta, anüs bölgesinde, mastürbasyon sağlayan bir uyarılma ya da çevredeki kimselerle ilişkilerde kullanma niyetine karşılık veren dışkı maddelerini tutma işi, aslında, nevrozlularda çok olan kabızlığın başlangıçlarından biridir. Anüs bölgesinin önemini gösteren şey, şudur: İnsan pisliği ile ilgili özel alışkanlıklara, seremonilere sahip olmayan nevrozlulara pek az rastlanır, onlar bu durumlarını özenle gizlerler.[54]

Anüs bölgesinin, merkezî ya da çevresel çıkışlı bir kaşıntının esinlediği, parmak yardımı ile mastürbasyon yapılarak uyarılması ikinci çocuklukta 'ender' değildir.

**Üreme Bölgelerinin Faaliyeti.** — Çocuğun erojen bölgeleri arasında, elbette bir üstünlük taşımayan ve ilk cinsel hareketlerin çıkış noktası olamayan, fakat daha sonra en büyük rolü oynamak için görevlendirilmiş bulunan bir tanesi vardır. Bu, oğlan çocukta ve küçük kızda çiş yapma ile ilgilidir (klitoris); erkek çocukta bu ayrıca bir mukozamsı torba içindedir, öyle ki cinsel hareketlerin erken olarak belirlediği salgılar tarafından yapılan uyarımlar doğurmaktan geri kalmaz. Üreme organının örgütlediği bu erojen bölgenin cinsel etkinliği, daha sonra normal cinsel yaşamın başlangıcı olacak hareketi oluşturur.

Bu bölgenin anatomik topografyası, salgıların akması, vücut bakımı (yıkama ve ovma), nihayet rastlantının yaptığı bazı uyarımlar (küçük kızlarda bağırsak asalaklarının buraya göç etmesi) yüzünden bedenin bu kısmının vermek gücünde olduğu haz duyusunun küçük çocukta bile kendini duyurması ve yineleme gereksinimi uyandırması kaçınılmaz bir hal alır. Bakımın başında gelen alışkanlıkların bütünü göz önüne alınırsa ve temizlik hizmetlerinin, kirlilik ve bakımsızlık tarafından oluşturulanlardan başka etkilere sahip olmaması düşünülmek istenirse hemen hemen hiçbir kimsenin kurtulamadığı süt çocuğu onanizminin, üremsel erojen bölgenin ileriki üstünlüğünü hazırladığı akla gelir.

Uyarmayı ve doyumu sağlayan eylem, ya elle ovuşturmalardan ya da butların sıkıştırılması ile bir baskıdan ibarettir. (Refleks eylemleri tarafından hazırlanan hareket) Bu son hareket (butların sıkıştırılması) özellikle küçük kızlarda sık sık olur. Erkek çocuklar eli yeğlerler ki, bu erkeğin cinsel etkinliğinde egemen olma dürtüsünün alacağı Önemi önceden üstün kılmaktadır.[55]

(Daha da aydınlatmak için, çocuk mastürbasyonunu üç evreye ayırıyoruz. Bu evrelerden birisi emzirilme zamanına, ikincisi dördüncü yaşa doğru cinsel etkinliğin kısa açılma dönemine uymaktadır; erginlik onanizmine uyan yalnız üçüncü evredir; şimdiye dek gözlemcilerin dikkatini yalnız bu çekmiştir.)

**Çocuk Mastürbasyonunun İkinci Evresi** — Süt çocuğu onanizmi kısa bir dönemden sonra yok olur gibi görünmektedir. Erginliğe dek sürdüğü zaman, uygar insanınki olması gereken gelişmenin ilk önemli sapmasına tanıklık ederiz. Belli bir anda, emzirmeden sonra (genellikle dördüncü yaştan önce), bu üreme (bölgesinin cinsel dürtüsü uyanır gibi görünmektedir; hiç değilse, yine de kesintisiz sürmez. Görülebilen çeşitli durumların sayısı pek çoktur; onları açıklamak için her birini ayrı ayrı incelemek gerekir. Fakat bu *ikinci* cinsel etkinlik dönemi süresince uğranılan bütün izlenimlerde ortaklaşa olan şey, gelecekte derin izler (bilinçsiz) bırakması eğer sağlığı yerinde biri ise kişinin karakterini, ilerinin bir hastası ise nevrozun semptomatolojisini, belirlemesidir.[56] Bu son durumda cinsellik döneminin unutuş içine düştüğü, buna tanıklık edebilecek anıların yer değiştirmiş olduğu görülür. Normal çocuk amnezisi ile o yaşın cinsel etkinliği arasında bir bağlantı olduğunu daha önce söylemiştim. Psikanaliz yoluyla, bu unutulmuş muhtevaları bilince getirmek ve bilinçdışı psişik muhtevalardan ileri gelen zorlamayı ortadan kaldırmak olasıdır.

**Süt Çocuğunun Mastürbasyonuna Geri Dönüş.** — Emzirilme döneminin cinsel uyarması ikinci çocuklukta merkezi bir kaşıntı biçiminde ortaya çıkarak çocuğu onanizmde ya da yetişkinde olduğu gibi, elle oynama olmaksızın doyum sağlayan bir tür kirlenmede tatmin olmaya çağırır. **Bu salgılar,** ikinci çocuklukta, küçük kızlarda sık sık görülür; bunun koşullarını pekiyi bilmemekteyiz. Öyle görülüyor ki, her zaman değilse de pek sık olarak, bunlardan önce bir etkin onanizm devresi gelmektedir. Bu cinsel gösterinin semptomatolöjisi zayıftır, üreme organı henüz ilkeldir ve işeme aygıtı ona vasilik görevi yapmaktadır. Bu dönemdeki mesane hastalıklarının çoğu cinsel kökenli bozukluklardır; gece işemeleri cinsel kirlenmeye karşılık vermektedir.

Cinsel etkinliğin yemden ortaya çıkması, iç ve dış nedenlerle belirlenmiştir. Nevroz semptomatolojisi ve psikanalitik araştırmalar bu nedenleri bulmamıza ve açıkça belirtmemize yardım etmektedir. İç nedenlerden söz etmeyi daha sonraya saklıyoruz. Dış nedenlere gelince, bunlar şu anda büyük ve sürekli bir önem kazanmışlardır. Bu etkilerin en önemlisi, çocuğu zamanından önce bir cinsel nesne "yapan ve onun iz bırakıcı koşullar altında üreme bölgesinden tatmini tanımayı öğreten ayartma tarafından yapılanlardır; çocuk çok zaman bu izlenimleri onanizm pratiği ile yinelemeye itilecektir. Bu tür etkiler, yetişkinlerden ya da diğer arkadaşların bahis konusudur. 1896 yılında, "İsterinin Nedenleri" üzerine yayımlanmış olan yazımda bu ayartma hallerinin sıklığını ya da önemini fazla büyütmemiş olduğum kanısındayım; bununla birlikte o çağda, normal kalmış bazı kimselerin çocukları sırasında aynı etkilere uğradıklarım henüz bilmiyordum ve dolayısıyla, o zaman ayartmaya bünyenin ve cinsel gelişmenin etkenlerinden daha çok önem veriyordum.[57] Doğrusu, çocukta-cinselliğin uyanması için bir ayartma gerekli değildir ve bu uyanma, iç nedenlerin etkisi altoda kendi kendine olabilir.

**Çokbiçimli Sapık Yatkınlık** — Çocuğun, bir ayartma sonucunda çokbiçimli bir sapık haline gelebildiğini ve her türlü bozukluklara götürüldüğünü ortaya çıkarmak ilgi çekicidir. Demek ki, buna önceden eğilimlidir. Sapık eylemler, direnmelere, kurulmamış ya da ancak kurulma yolunda olan Cinsel aşırılıklara karşı koyacak psişik setlere (utanma, ahlak) rastlar. Çocuk bu durumda, uygarlığın etkisine uğramamış ve böylece çok biçimli bir sapık eğilim saklayan kadınların ortasında, ayartıcının karşısında yapacağından başka türlü davranmaz. Buna yatkın bir kadın kuşkusuz, yaşamın her zamanki koşulları içinde cinsel olarak normal kalabilir; fakat usta bir ayartıcının güçlü etkisi altoda bütün bozuklukların zevkini alacak ve bunu artık cinsel etkinliğinde kullanacaktır. Fahişe, bu çok biçimli ve dolayısıyla çocuksu eğilimi mesleğinin yararına kullanılır. Eğer fahişe kadınlar ve asla bu mesleği yapmamış olmalarına karşın yadsınmayacak ölçüde fahişeliğe yetenekli olanların çokluğu göz önüne alınırsa, bu, her türlü dönüklüğe yatkınlığı derin ve genellikle 'beşerî' bir şey olarak tanımak gerekir.

**Kısmi Dürtüler.** — Ayartma, çocukta cinsel yaşamın başlangıçları üzerine bize hiçbir şey öğretmez; tersine, ayartma halleri bizi kolayca, zamanından önce hiçbir gereksinim kendilerini ona doğru itmediği bir cinsel nesneyi tanımış olan çocuklarda karşılaşacağımız bir yanlışa kolayca düşürebilir. Bununla birlikte, erojen bölgelerce oynanmış olan rolün üstünlüğü ne olursa olsun, çocuk cinselliğinin daha başlangıçtan beri başka insanları cinsel nesne gibi almak isteyen eğilimleri de taşıdığını kabul etmemiz gerekir. Bu birleşenler arasında, çocukları, seyrediciler ve teşhirciler olmaya itenlerle kıyıcılık dürtüsünü sayalım. Üreme hayatı ile sıkı bağlılıkları ancak daha sonra belirecek olan bu dürtüler, o zaman erojen bölgelerin cinsel etkinliğine bağlı olmakla birlikte daha çocuklukta bulunmaktadır. Küçük çocukta en yüksek noktasında utanma noksanlığı vardır; çocukluk yıllarında dikkatini üreme kısımları üzerine çevirerek bedenini keşfetmekte eşsiz, bir haz duyar. Sapık olarak kabul ettiğimiz bu eğilimin Öbür yüzü, başka kimselerin üreme organlarını görmeye çalışınla isteğidir. Bu istek, uyanma tarafından konulan engel belli bir güce eriştiği zaman ikinci çocuklukta görülür. Ayartmanın etkisi altında, seyredicilik sapıklığı çocuğun cinsel yaşamında büyük bir önem kazanabilir. Bununla birlikte, normal kimseler ve nevrozlular üzerinde yapılmış araştırmalar, çocuktaki görme dürtüsünün cinsel alanda kendi kendine bir tarzda ortaya çıkabileceğini bana kabul ettirmiştir. Küçük çocuklar, dikkatleri üreme bölümleri üzerine bir kez çekildi mi, çoğu zaman, mastürbasyon sonunda, bu yolda, dış bir etki olmaksızın devam etmekte ve küçük arkadaşlarının üreme organlarına karşı canlı bir ilgi göstermektedirler. Bu merakı tatmin etme fırsatı ancak çiş ve kaka fonksiyonlarını yaparken çıktığından, çocuklar seyredici, yani fizyolojik eylemlerin sürekli seyircisi olurlar. Bu eğilimler içe tıkılınca, üreme organını seyretme isteği (bir cinsin ya da öteki cinsin) sürer ve bazı nevrozlarda marazi semptomların yaratılmasında neden olucu bir güç haline gelen saplantılı bir zorlama şekli alabilir.

Cinsel içgüdüde bulunan kıyıcılık unsuru, şehvet uyandırıcı bölgelerle ilintili cinsel etkinliklerden çok daha bağımsız olarak gelişir. Çocuk, genellikle kıyıcılığa yatkındır, çünkü acıma nispeten daha geç geliştiğinden, üstünlük kurma dürtüsü başkasının acısı karşısında henüz durmamıştır. Buraya dek, bilindiği gibi bu dürtünün derinleştirilmiş bir analizi henüz başarılamamıştır. Kabul edebileceğimiz şey, kıyıcılığa doğru eğilimin üstünlük kurma dürtüsünden çıktığı ve cinsel yaşamda, üreme organlarının kesin rollerini almamış olduğu bir zamanda kendini gösterdiğidir. O, üreme-öncesi örgütlenmeleri diye daha sonra adlandıracağımız cinsel yaşamın bütün bir evresine egemen olmaktadır. Hayvanlara ve arkadaşlarına karşı özellikle kıyıcı görünen çocukların, genellikle ve haklı olarak erojen bölgelerin şiddetli ve erken başlamış bir etkinliğini tanımalarından kuşkulanılır; bu halde cinsel dürtülerinin erken gelişmiş olmasına karşın, üstünlük kazanan, erojen bölgelerin etkinliği gibi görünmektedir. Acıma yokluğu bir tehlike doğurur: Erotik dürtülerle kıyıcılık arasında, çocukluk sırasında oluşun bu bağlantı, daha sonra ayrışmaz olarak görülecektir.

Zalimliğe karşı edilgin (pasif) eğilimin (mazoşizm) erojen kaynaklarından biri, J. J. Rosseau'nun *İtiraflar'ından* beri pekiyi bilinen, bir olay olan, kaba etler bölgesinin acı veren uyarılmasıdır. Eğitimciler, genellikle bedenin bu bölümüne uygulanan cezalandırmaların, uygarlığın etkisine uğrayarak yan yollara göre, libidolarını geliştirme tehlikesine koşan bütün çocuklardan kaldırılması gerektiği sonucunu haklı olarak çıkarmışlardır.[58]

## V. ÇOCUĞUN CİNSEL ARAŞTIRMALARI

**Öğrenme Dürtüsü.** — Çocuğun cinsel yaşamının ilk açılıp serpilmesine eriştiği bu aynı dönemde —üçüncü yaştan beşinci yaşa değin— araştırma ve bilme dürtüsünden doğan bir etkinliğin de başladığı görülür. Bilme dürtüsü, duygusal yaşamın ilk dürtüsel birleşenleri arasında sayılamazlar ve onu yalnızca cinselliğe bağlama olanağı yoktur. Bu etkinlik bir yandan üstün gelme gereksiniminin yücelmiş bir biçimini dile getirir, öte yandan bu etkinliği yürüten enerji de seyretmek gereksiniminden doğar. Bununla birlikte, cinsel yaşamda gösterdiği bağlantılar pek önemlidir; psikanaliz, bu bilme gereksinimini, genellikle, düşünüldüğünden pek daha erken gösterir. Çocuk, cinsel sorunlara görülmemiş bir şiddetle bağlanır, zekâsını uyaran sorunların bunlar olduğu bile söylenebilir.

**Sfenks Bilmecesi.** — Çocuğu bu araştırmalara iten kuramsal bir ilgi değil, pratik bir gereksinimdir. Aile içinde gerçek ya da olasılı bir yeni çocuk gelişi ile tehdit edildiğini duyduğu ve bu olayın kendisi için bir bakım ya da sevgi azalması getireceğinden korktuğu zaman düşünmeye koyulur ve zihni çalışmaya başlar. Gelişmesiyle uygunluk halinde olarak omu ilk uğraştıran sorun, cinsler ayrılığının aslının ne olduğu değildir. Büyük bilmece, çocukların nereden geldiğidir. Kolayca delinebilen bir kılık değiştirme altında bu bilmece, Tebes Sfenksi'nin sorduğunun aynıdır. Değişik cinsler olmasını, çocuk itirazsız ve buna önem vermeksizin kabul eder. Küçük erkek çocuklar, rastladığı bütün insanların kendilerininkilere benzeyen bir üreme organına sahip olduğundan kuşkulanmaz; başkalarının tasarladığı düşüncelerle bu organın yokluğunu onlara kabul ettirme olanağı yoktur.

**Hadımlaştırılma Kompleksi ve Penis İsteği** — Küçük erkek çocuklar bu kanıyı inatla korurlar, gözlemin anlara açıklamakta gecikmediği aykırı olgulara karşı savunurlar ve ancak ağır iç savaşlar (hadımlaştırılma kompleksi) geçirdikten sonra bunu bırakırlar. Kadının, yitmiş penisine bir karşılık bulmak için çabaları çok sayıda sapıklığın doğmasında büyük bir rol oynarlar.[59]

Tek ve aynı üreme aracı (bütün insanlarda erkek organı) varsayımı, incelenmesi meraklı, sonuçları verimli çocuk cinsel kuramlarının birincisidir. Kadının klitorisine, penisin gerçek bir 'vekilliğini' tanıyarak, biyolojinin çocuğun önyargısını doğrulamasının onca az önemi vardır. Buna karşılık, küçük kız, bir kere oğlanın üreme organını gördü mü, kendininkinden başka bir cinsin varlığını tanımayı reddetmez; daha sonra pek Önem kazanan, kendisini sırası geldiğinde erkek olma arzusuna götüren penis isteğine kapılır.

**Doğum Kuramları** — Çoğu kimse, erginlik öncesi dönemi süresince çocukların, nereden geldiğini ne denli ilgi ile sormuş olduklarını anımsayacaktır. Onları durdurmuş olan anatomik çözümlemeler değişikti. Onlar, çocukların göğüsten doğduklarını, bir kesip yarmayla ya da onların geçmesi için göbeğin açılması ile karından çıktıklarına inanıyorlardı.[60]

Psikanalizin yardımı olmaksızın bu konu üzerinde, çocukluk sırasında pek 'ender' olarak araştırmalar yapıldığı anımsanmaktadır; bir içe tıkma olmuştur, fakat bütün bu araştırmalar aynı sonuca varıyorlardı; özel bir şey yenildiği zaman (peri masallarında olduğu gibi) dünyaya çocuk getirilir ve dışkılamaya gidildiğinde çocuklar bağırsaktan doğarlar. Bu çocukça kuramlar aşağı türlerde böyle dışkılıkların bulunması gibi zoolojideki bazı olguları anımsatmaktadır.

**Cinsel İlişkileri Sadik Anlayış.** — Çocuklar, anababalarının ilişkilerini gördüklerinde (ki, bu çok sık olur," çocuğun cinsel yaşamı anlamayacak kadar küçük olduğuna inanarak bundan kendilerine fırsat çıkarırlar), cinsel eylemi bir tür kötü davranma ya da zor kullanıma imiş gibi yorumlamaktan geri kalmazlar; yani bu eyleme sadik bir anlam verirler. Psikanaliz, ilk çocuklukta edinilen böyle bir izlenimin daha sonra cinsel amacın sadik bir kaymasını kolaylaştırmaya çok yaradığını öğretmektedir. Çocuklar böylece, cinslerin bağlantılarıyla ya da kendi dedikleri gibi, evlilik olgusunun neye dayandığını öğrenmek ile de hayli ilgilenirler; üzerinde durdukları çözüm, genellikle işeme ya da dışkılama sırasında yaptıkları bir bağlantı üzerinde durur.

**Çocuğun Cinsel Araştırmalarının Tipik Başarısızlığı.** — Genel olarak, çocukların cinsel kuramları, cinsel yapının yansımasından başka bir şey olmadığı gibi garip yanlışlıklara karşın, cinsel eylemler üzerinde, önce sanıldığından daha büyük bir zekâ gösterirler. Annelerinde gebeliğin getirdiği değişiklikleri fark ederler ve bunlar üzerine yaptıkları yorumlar doğrudur. Anlatılan leylek öyküleri onlarda, açıklamadıkları bir kuşku ile karşılaşır. Bununla birlikte çocuk bu yaşta pek görülmeyen iki öğeyi, spermin cinsel yaşamdaki rolü ile vajina deliğinin varlığını bilmediğinden araştırmalarında bir sonuca varamaz; ondan vazgeçerse, bu, öğrenme dürtüsüne sürekli bir zarar vermeden olmaz. Çocuk, cinsel araştırmalarında her zaman yalnızdır; bu onun için dünyaya yönelmek amacıyla attığı bir ilk adımdır ve o zamana kadar tam bir güven beslemiş olduğu çevresindeki insanlara karşı kendisini yabancı hissedecektir.

## VI. CİNSEL OLUŞUMUN GELİŞİM EVRELERİ

Şimdiye kadar, çocuk yaşamını karakterize edenin, aslında otoerotik (çocuk nesnesini kendi bedeninde bulmaktadır) ve kısmi dürtülerin, aralarında az ilintili olduğunu, haz aramalarında her birinin bağımsız davrandıklarını kabul ettik. Bu gelişme, yetişkinde normal demeye alışmış olduğumuz cinsel yaşama götürür ki bunda haz kovalama, dünyaya çocuk getirme hizmetine konmuştur. Oysa, kısmî dürtüler, tek bir erojen bölgenin üstünlüğüne boyun eğerek bundan böyle özneye yabancı bir cinsel nesneye bağlı amaca varma gücünde olan sağlam bir örgüt kurmuştur.

**Üreme Öncesi Örgütlenmeleri.** — Bu gelişmelerin yasaklamalarını ve bozukluklarını psikanaliz yardımıyla inceleyerek, kısmi dürtülerin, bir örgütlenme başlangıçları ve ön kuruluşları olduğunu, bu dürtülerin böylece bir tür cinsel rejim kurmuş bulunduğunu öğreniyoruz. Normal olarak, cinsel örgütlenmenin çeşitli evrelerinden kolayca geçerler; bunlar ancak işaretlerle belirirler, yalnız patolojik hallerde ortaya çıkarlar ve kolayca tanınabilir duruma gelirler.

Üreme bölgelerinin henüz üstünlüklerini kabul ettirmemiş oldukları cinsel yaşam örgütlerine, **üreme öncesi** (*prége-nitale*) diyoruz. Buraya kadar bunlardan, hayvan yaşamının ilkel biçimlerine geri dönüşü esinleyen ikisini tanıyoruz.

Üreme öncesi cinsel örgütlenmelerden biri *ağızla ilgili* (oral) olandır; isterseniz buna **yamyamlık** da diyebilirsiniz. Bu evrede, cinsel etkinlik, besinlerin sindirilmesinden ayrılmamıştır, iki akım arasında henüz bir farklılık görülmez. Her iki etkinliğin de aynı nesnesi vardır ve cinsel amaç, nesneyi *içine* **almadan** ibarettir; bunun prototipi daha sonra psişik. Gelişmede önemli bir rol oynamaya çağrılacak olan *özdeşleşmedir*. Emme, hiç bir gerçek varlığı olmayan ve yalnız patolojinin bize tanıttığı bu oluşum evresinin bir kalıntısı gibi kabul edilebilir. Çünkü emmede beslenme etkinliğinden ayrılmış olan cinsel etkinlik, yabancı nesnenin yerine, öznenin bedeninin bir kısmını koymaktan başka bir şey yapmaz.[61]

İkinci bir üreme öncesi evresi, **sadik - anal** dediğimiz evredir. Bunda cinsel yaşamın her yerinde bulunan karşıtlık açıkça görünür; fakat bu karşıtlık henüz **erkek** ve **dişi** arasındaki karşıtlık değildir, karşıt iki terimdir: **etkin** ve **edilgin**. Etkin öğe üstün gelme dürtüsünden kurulmuştur, hatta genel kaslar topluluğuna bile bağlıdır; cinsel amacı edilgin olan organ, şehvet uyandırıcı bağırsak mukozası ile temsil edilir. Her iki dürtünün aslında birbirine uymayan nesneleri vardır. Onların yanında başka kısmî dürtüler otoerotik bir faaliyet gösterirler. Cinsel yaşamın bu gelişme evresinde çoktan cinsel kutuplaşma ve heteroerotik bir nesnenin varlığı bulunur. Henüz eksik olan şey, kısmi dürtülerin çocuk dünyaya getirme işlevleri için oluşması ve egemenlik kurmasıdır.[62]

**Karşıt Çift değerlilik.** — Cinsel dürtünün bu biçimi bütün yaşam boyunca sürebilir ve cinsel etkinliğin büyük bir bölümü üzerinde egemenliğini yürütebilir. Açık sadizm ve pislikleri boşaltma rolü oynayan anüs bölgesi, bu cinsel oluşuma arkaizm denilen bir karakter verir. Başka bir karakteristik şudur: Karşıt dürtüler eşit güçtedir; bu, Bleuler'in getirdiği mutlu **karşıt çift değerlilik** (ambivalence) terimi ile tanımlanmaktadır.

Böylece cinsel yaşamın üreme öncesi örgütleri varsayımı, nevrozların analizi üzerine dayanır ve ancak bunların bilinmesiyle doğrulanabilir. Buna, psikanalitik araştırmalarımızın bize normal cinsel işlevlerin dokusunu ve gelişmesini gittikçe daha iyi tanıtmasıyla erişebiliriz.

Çocuk cinselliğinin açıklamasının tamamlanması için, şunu eklemek gerekir: Pek sık olarak (her zaman denilebilir), daha çocukluktan beri bir cinsel nesnenin seçimi (erginliği karakterize eden diye tanımladığımız seçim) yapılmıştır; öyle ki, bütün cinsel eğilimler tek bir kimseye doğru çevrilmekte ve bunda tatminlerini aramaktadır. Cinsel yaşamın kesin biçimine en çok yaklaşan cinsellik biçimi, çocukluğun ilk yıllarında böyle gerçekleşmektedir. Bu örgütlerle kesin durum arasındaki fark, kısmî dürtülerin, onların üreme bölgesinin üstünlüğüne tam boyun eğmesi sentezinin çocukta gerçekleşmediği olgusuna iner. Yalnız, cinsel gelişmenin son evresi bu üstünlüğün doğruluğunu ortaya çıkaracaktır.[63]

**Nesne Seçilmesinin İki Denemi.** — Cinsel seçimin karakterlerinden biri, bunun iki dönemde, iki itme ile olacağıdır. Birinci itme, iki ile beş yaş arasında başlar, sonra, gerileme bile doğuran bir gizlilik döneminde durmuş olur. Cinsel amaçların çocuksu niteliği ile karakterize edilir. İkinci itme erginlikte başlar ve cinsel yaşamın alacağı kesin biçimi belirler.

Nesne seçiminin iki itmede yapılması, başka bir deyişle, cinsel bir gizlilik döneminin var olması, kesin durumun bozukluklarının doğmasında büyük önem taşımaktadır. Çocuğun seçmesi, ister ilk şiddetleri ile kalsın, ister, erginlik sırasında bir yenilenme görsün, onun etkileri içinde yaşamasını sürdürür. İki evre arasına yerleşen içe tıkma yüzünden, seçme nesnesi kullanılabilir değildir. Bu şekilde kurulan cinsel amaçlar bir çeşit yumuşamaya uğramışlardır ve bu dönemde cinsel yaşamda **sevecenlik** akımının kurucusu gibi görünürler. Bu sevecenliğin, bu saygının ve bu kutsamanın arkasında, kullanılmaz duruma gelmiş kısmi dürtülerin doğurmuş olduğu eski cinsel eğilimlerin saklandıklarını, yalnız psikanaliz gösterebilir. Genç kişi, ancak çocukluğunun nesnelerini reddettikten sonra ve yeni bir **şehvet** akımı olarak ortaya çıkacağı zaman yeni bir nesne seçimi yapar. Eğer iki akım birleşme noktasına varamazlarsa, bundan, cinsel yaşamın ideallerinden biri sonuç olarak çıkacaktır, aynı nesne üzerinde bütün arzu şekillerini yoğunlaştırmaya ise erişilemeyecektir.

## VII. ÇOCUK CİNSELLİĞİNİN KAYNAKLARI

Cinselliğin derin kaynaklan üzerindeki araştırmalarımız, cinsel uyarmanın şunlardan doğduğunu öğretmiştir:

**a)** Cinsel olmayan organik süreçlerle bağlantılı olarak duyulmuş bir doyumun yinelenmesi ile,

**b)** Erojen bölgelerin çevreden gelen uyarılmaları ile,

**c)** Görme dürtüsü ve zalimlik dürtüsü gibi, kaynaklarını henüz iyi bilmediğimiz bazı dürtülerin etkisi ile.

Bir yetişkinin psikanalizinden çekip çıkardığımız, çocuklukla ilintili sonuçlar ve çocuk üzerinde yapılmış gözlemler bize, cinsel uyarılmanın başka sürekli kaynaklarını tanıtmıştır. Doğrudan doğruya gözlemin yanlış anlaşılmalara kolayca yer verme sakıncası vardır; bu, öte yandan psikanalistin işini güç 'kılar. O, incelemesinin konusuna ve sonuçlarına ancak uzun dolambaçlarla varabilir. Bununla birlikte, her iki yöntem birleştirilerek, yeterince kesinlik elde edilebilir.

Erojen bölgeler, zaten bildiğimiz gibi, yüksek derecede uyarılabilme niteliklerine sahiptir; fakat bunlar, bütün deri yüzeyinde birkaç derecede de bulunurlar. Bu bakımdan, derinin genel duyarlığının kimi biçimlerinin erojen bir etkinlikle açıklanabileceğini öğrenmekle şaşırmamamız gerekir. Bunlar arasında, pek önemli olarak, ısıya karşı gösterilen duyarlığı sayıyoruz ki, bu belki sıcak banyoların iyileştirici etkilerini anlamamıza yardım edecektir.

**Mekanik Düzende Uyarılmalar.** — Aynı düzende mekanik asıllı ritmik sarsmalar ve hareketler yer almaya gelirler; bunlar, 'kulak dehlizi' sinirinin, duyusal aygıtının, üst derinin ve derin duyarlık aygıtının (kaslar, eklemler) aracılığı ile çeşitli uyarımlar doğurarak etki yapar. Mekanik kamçılamaların doğurduğu haz duyularım analiz etmeden önce, bundan sonra gelecek bölümlerde "cinsel uyarılma" ve "doyum" terimlerini, aralarında hiçbir ayırım yapmadan, anlamını netleştirmeyi daha sonraya bırakarak kullanacağımıza dikkatinizi çekmemiz gerekiyor. Bunun kanıtını, bazı mekanik sarsıntıların haz uyandırma olgusunda görmekteyim. Çocuklar bazı oyunlara bayılırlar, sözgelişi, **salıncağın verdiği zevki** bir kez tadınca, bunun yinelenmesini istemekten hiç bıkmazlar.[64] Uyutmak için çocukları beşikte sallarlar. Araba ile ya da trenle bir yolculuğun sarsıntıları daha yaşlı çocukları öylesine etkiler ki küçük erkekler hiç değilse makinist ya da şoför olmayı kurarlar. Demiryolu ile ilintili olan her şeye karşı aşırı ve anlaşılmaz bir ilgi gösterirler; hayal kurma yaşına gelince, yani erginlikten az önce, bundan, kesin bir cinsel sembolün aracını yaparlar. Demiryolunun oluşturduğu duyumlarla cinsellik arasında zorlayıcı bir bağ yaratan, elbette, hareket ettirici duyumlara bağlanan haz karakteridir. Eğer daha sonra çocuğun tercihlerinin aksine onları değiştiren içe tıkma araya girerse, genç kişinin ya da yetişkinin sallanma ve sarsılmaya karşı bulantı tepkisi gösterdiği olur. Bazen de demiryolu ile yolculuk yapıldığında, tamamen bitkin bir hale gelirler; kimileri ise aşırı bunalımlara uğrarlar; bundan, kişinin rahatsız edici deneylerin yinelenmesine karşı bir savunma usulü olacak olan **demiryolu fobisi** sonucu çıkabilir.

Korku ile mekanik sarsıntının birleşik hareketinin ağır travmatik isteri doğurması olgusunun açıklanmasını, bu düşünceler düzeninde aramak zorundayız. Hiç değilse, şiddeti daha aşağı derecede etkilerin, aşırı hale geldikleri zaman, cinsel mekanizmanın ya da cinsel kimyanın derin bozukluklarını doğurabilen uyarım kaynakları oldukları farz edilebilir.

*Kas Etkinliği.* — Serbestçe yapılan kas etkinliğinin çocuk için, 'büyük haz doğuran bir gereksinim olduğu pek bilinir. Bu hazzın cinsellikle bir ilintisi olup olmadığını, içinde bir cinsel doyum bulunup bulunmadığını ya da bu türden bir uyarım fırsatı haline gelip gelmediğini bilmek başka şeydir. Bunlara karşı çıkmak, yukarda açıkladığımız düşünceye, yani edilgin hareketlerden edinilen duyumların cinsel bir nitelik taşıdığı ya da cinsel bakımdan uyarıcı oldukları düşüncesine de karşı çıkmak demektir. Birçok kimse, arkadaşlarıyla güreşirken üreme organının uyarılmasını ilk kez hissetmiş olduğunu belirtir. O zaman bütün kasların gerilimi, 'hasmı' ile deri temaslarının uyarıcı işleyişine eklenir. Belli bir kimse ya da' yaşça ileri biriyle (ki o takılmayı sever) vücut vücuda dövüş aranırsa, onunla bir ağız kavgasına hazır olunur. Cinsel seçimin bu, kimseye 'isabet' edeceği kestirilir. Sadik dürtünün kaynaklarından biri, kas etkinliğinin cinsel uyarılmayı kolaylaştırması olgusunda bulunabilir. Çok sayıda kimsede güreş sevgisi ile cinsel uyarılma arasında gerçekleştirilen birleşme, onların daha sonra yeğleyecekleri cinsel davranışın ne Olacağını belirler.[65]

**Duygusal Süreç** — Çocuktaki başka cinsel uyarılma kaynakları daha az tartışmaya uğramıştır. Doğrudan doğruya gözlemle ve geriye giden analizle belli bir şiddet derecesine erişmiş olan bütün duygusal süreçlerin, korku dahil cinsellik üzerinde yankı bulduğunu kanıtlamak kolaydır. Aslında, bu türden heyecanların hastalık yapan etkilerini bize öğretmeye yardım eden de budur.

Öğrencilerde sınav korkusu, güç bir ödevin gerektirdiği dikkat, cinsel belirtiler gösterir; bir uyarma, çocuğu üreme organlarına dokunmaya yöneltir, hatta bütün şaşırtıcı sonuçlarıyla bir tür kirlenme durumu ile karşı karşıya bırakır.

Çocuğun, okulda çok zaman eğiticilere anlaşılmaz görünen tutumu, doğmakta olan cinsellikleri yönünden anlaşılmalıdır. Bazı üzücü heyecanları (sıkıntı, ürkme, korku), çok büyük sayıda yetişkinde de yaşamakta devam eder. Bu bize, a kadar kimsenin nasıl bu türden duyumlar aramakta olduğunu açıklar; şu koşulla ki, onlara gerçek dışı (okuma, tiyatro) karakterlerini veren ve bu şekilde, üzücü, acı verici şeylerim azaltan özel durumlarla sarılmış olmalıdırlar. Şiddetli acı veren duyguların, onların bile, erojen etkiler doğurdukları kabul edilebilirse, (daha çok keskinlikleri çeşitli koşullar dolayısıyla hafiflediği, ya da doğrudan doğruya hissedilmeme-dikleri zaman) bu psişik olguda, sado-mazoist dürtünün ana kaynaklarından birini bulabiliriz; bu dürtünün karmaşık ve kalabalık niteliği, bundan dolayı biraz aydınlanmaktadır, da.[64']

**Zekâ Çalışması**. — Nihayet, dikkatin bir zekâ işi üzerinde yoğunlaşmasının ve zihinsel gerilimin genellikle çok sayıda gençler ve yetişkinlerde buna bağlı bir cinsel uyarıma eşlik ettiği apaçıktır ve bu sinir bozukluklarını aşırı zihnî çalışmayla ilgili gösteren söz götürmez kuramın biricik nedeni olarak kabul edilebilir.

Henüz başka yerde bütünüyle yayımlanmamış olan çeşitli örneklerin ve gözlemlerin bize çocuk cinselliği üzerine öğretmiş olduğu şeyleri özetlersek, şu çizgilerini ortaya çıkarabilir, hiç değilse onların taslağım yapabiliriz; cinsel sürecin işlemesi birçok nedenlerin etkisi altında olur. İşin doğrusu bu süreç sırasında bizim için gittikçe daha da bil-

mece haline gelirler. Bu etkiler tümüyle dolaysız bir bi-
çimde duyarlı yüzeylerin (dokunaçlar ve duyu organları)
uyarılmasıdır. Daha dolaysız olan etkiler ise, bazı erojen
bölgelerde ortaya çıkan uyarımlardır. Burada acı ile ilintili
olan şiddet bütünüyle ihmal edilmemekle birlikte önemli
olan, uyarmanın niteliğidir. Şunu da ekleyelim ki, orga-
nizmada, iç süreçlerin şiddetli belli bir nicelik eşiğini aşar
aşmaz fazladan eklenen bir etki olarak cinsel uyarılmayı
ortaya çıkaran "yatkınlıklar" bulunur. Cinselliğin kısmi
dürtüleri dediğimiz, ya doğrudan doğruya bu iç kaynak-
lardan türeyen ya da bu aynı kaynaklarla erojen bölge-
nin işleyişinin birlikte bir etkisi ile temsil edilen şeydir.
Cinsel dürtünün uyarılmasına bir birleşen sağlamaksızın,
organizmada önemli hiçbir şey geçmediğini söylemek de
yanlış olmaz.

Bu teze daha büyük bir açıklık ve kesinlik vermek, şu
an için bana olası gözükmemektedir. Bu da şu nedenler-
den ileri gelmektedir- Çünkü birincisi; burada göz önüne
serilen görüş, tamamıyla yenidir; ikincisi; cinsel uyarıl-
manın niteliği bizce hâlâ hiç bilinmemektedir. Bununla
birlikte, ben burada geniş ufuklar açacak gibi görünen iki,
noktayı belirteceğim:

**Cinsel Yapılardaki Ayrılıklar** — Doğuştan gelen cin-
sel yapı değişikliklerini, erojen bölgelerin gelişmesine
götürme olanaklarını gözden geçirdik. Şimdi, cinsel dür-
tünün dolaylı kaynaklarım dikkate alarak benzer bir şey
yapmayı deneyebiliriz. Her bireyde, bu kaynakların akım-
lar getirip, getirmediğini düşünmemize olanak verilmiş-
tir; bu akımlar herkeste eşit kuvvette değillerdir ve onlar
arasında şunun ya da bunun egemen olması, kişilerin cin-
sel yapılarındaki ayrılıkları açıklayacaktır.[67]

**Karşılıklı Etki Yolları** — Cinsel dürtünün "kaynakların" dan söz ederken uzun zaman kullanmış olduğumuz tanımlamayı şimdi bırakalım ve cinsel olmayan bir işlevden cinsel işleve götüren ve her iki yönden gidilebilen yollar varsayarak başka bir tanımlamaya başvuralım. Eğer, sözgelişi, her iki işleve ait dudaklar bölgesinin cinsel doyumunun besinlerin sindirilmesi sırasında gerçekleştiğini açıklarsa, bu ortak bölgenin erojen işlevleri bozulduğunda, görünen iştahsızlıkları anlamamıza yardım edecektir. Mademki dikkatin yoğunlaşmasının cinsel bir uyanım uyandırdığını biliyoruz, aynı yol üzerinde bir gidişle, fakat ters yöne çevrilmiş olarak, cinsel uyarım durumunun eldeki dikkati kullanma üzerine etki yapacağım 'kabul edebiliriz. Cinsel bozukluklardan çıkarttığım nevroz semptomatolojisinin büyük bir bölümü, hiçbir cinsel karaktere sahip olmayan fizyolojik bozulmalardan ibarettir. Bugüne kadar açıklanmamış gibi görünen cinselliğin bu etkisi, cinsel uyarım sürecini düzenleyen etkilerin karşıtı gibi kabul edildiğinde, bilmece karakterinden bir şey yitirmektedir. Cinsel bozuklukların başka bedensel bozukluklar üzerinde yansırken izlediği yollar normal kimsede başka bir etkinliğe yaramaktadır. Cinsel dürtülerin, cinsel olmayan amaçlara doğru yönelişi, yani cinselliğin yüceltilmesi olayı, bu yollar aracılığıyla olabilmektedir. Fakat bitirmek için, elbette var olan ve bütün olasılıklara göre her iki yönde işleyebilen bu yollar konusunda, Belli bir şekilde hâlâ az şey bildiğimizi itiraf etmek zorundayız.

# ÜÇÜNCÜ BÖLÜM

## ERGİNLİĞİN DEĞİŞİKLİKLERİ

Erginliğin başlamasıyla, çocuk cinselliğini kesin ve normal şeklini almaya götürecek olan değişmeler ortaya çıkar. Cinsel dürtü, o zamana kadar temel olarak otoerotikti; şimdi, cinsel nesneyi bulmaya yönelmektedir. Önceleri, birbirine bağlı olmayan cinselliğin tek amacı olarak, belli bir haz arayan kısmi dürtülerden ve erojen bölgelerden geliyordu. Şimdi yeni bir cinsel amaç doğmuştur, onun gerçekleşmesinde bütün kısmi dürtüler işbirliği yaparlar; oysa erojen bölgeler, üreme bölgesinin üstünlüğünün egemenliği altına girmişlerdir.[68]

Yeni cinsel amaç, her iki cins için pek ayrı fonksiyonlar belirlediğinden, karşılıklı cinsel evrimler kuvvetle biri birinden uzaklaşırlar. Erkekteki yorumlanması daha mantıklı, daha kolay olanıdır. Oysa kadında bir tür geri gitme görülür. Cinsel yaşamın normal karakteri, şu iki akımın cinsel nesnelere, amaçlara doğru birleşmesiyle sağlanır: Bunlar sevgi ve şehvet akımlarıdır. Bu akımlardan birincisi çocuk cinselliğinin ilk çiçeklenmesinden beri süregelmiş olan şeyi içine alır. Bir tünelin iki karşıt yönden açılmasına benzer bir şey olur.

Organizmada karmaşık bir mekanizma için yeni birleşmelerin ve yeni bağlantıların yaratıldığı bütün hallerde olduğu gibi, eğer süreç durdurulmuşsa, bozukluklar doğabilir. Cinsel yasanım bütün 'marazi' bozuklukları, haklı olarak, gelişme sırasındaki yasaklamaların sonuçları diye kabul edilebilir.

# I. ÜREME BÖLGELERİNİN ÜSTÜNLÜĞÜ VE İLKEL HAZ

Anlatmış olduğumuz evrimin başlangıcı ve son amacı bize açıkça görünmektedir. Geçirdiği ara evreleri ise hâlâ karanlıktır.

Erginliğin gelişimini belirlemek için, en ilgi çekici olarak, büyüme ile bağlantılı duraklaması, çocuğun cinsel gizlilik dönemine Karşılık veren dış üreme aracının gelişmesi seçilmiştir. Aynı zamanda iç üreme organlarının gelişmesi, üreme ürünlerini olgunluğa eriştirmiş, yeni bir varlık meydana getirme yeteneği vermiştir. Böylece, büyük bir karmaşıklıkta kullanılmaya hazır bir araç oluşmuştur. Bu araç, uyarımlarla harekete geçirilebilir. Gözlem, bu uyarımların üç ayrı biçimde doğabildiklerini bize göstermektedir. Ya, önceden tanıdığımız erojen bölgenin uyandırılması ile dış dünyadan ileri gelirler, ya organizmanın içinde henüz incelenmemiş olan yollarla çıkarlar ya da onların hareket noktaları bir dış izlenimler haznesi ve iç uyarmalar için bir alıcı radyo aracı gibi görünen psişik yaşamdır.

Bu üç mekanizma, "cinsel uyarılma" dediğimiz bir durumu belli ederler. Bu durum kimileri psişik, kimileri somatik (bedensel), iki düzendeki semptomlarla kendini gösterir. Psişik semptomlar, özellikle baskı yapıcı karakterde bir gerilim durumundan ibarettirler. Çok sayıdaki fiziksel semptomlar arasında, en başta, anlamı kuşku götürmeyen bir dizi üreme organı değişikliklerini, cinsel eyleme bir hazırlanışı (erkeklik organının sertleşmesi ile vajina salgısını) sayacağız.

**Cinsel Gerilim.** — Cinsel uyarılma geriliminin karakterine dikkatle bakınca, cinsel sürecin yorumlanması için çözümlenmesi güç olduğu kadar da önemli olan bir sorun ortaya çıkar. Modern psikolojide bulacağımız fikir ayrılıkları ne olursa olsun, bir gerilim duygusunun her zaman bir hazsızlık karakterine sahip olduğunda diretiyorum. Bana bunu kabule karar verdiren, gerilim duygusunun, psikolojik durumun, değiştirilmesi amacına yönelmesidir; bu da hazza büsbütün yabancıdır. Fakat cinsel uyarılmadan doğan gerilimi hazsızlık duyguları arasında sayarsak, bu gerilimin, hiç kuşkusuz bir haz gibi duyulduğu olgusuna çarpıyoruz. Her yerde, bütün cinsel süreçlerde gerilimle zevk, aynı zamanda bulunmaktadır; hatta üreme aracının hazırlayıcı gösterilerinde bir tür tatmin ortaya çıkmaktadır. Öyleyse bir hazsızlık karakterine sahip gerilimin ve haz duygusunun nasıl uyuşabildiğini öğrenmek kalıyor.

Doyum ve doyumsuzluk sorununa ilişkin olan şey, modern psikolojinin en duyarlı noktalarından birine değinmektedir. Bu incelemeden, bize verebildiği bilgileri çıkarmakla yetineceğiz ve sorunun kendisinin tümünü göz önüne almaktan kaçmacağız. Erojen bölgelerin yeni düzene uyuş biçimlerine uyarılmanın ilk aşamasında erojen bölgelere önemli bir rol düşer[69].

Cinsel nesneden en uzak bir bölge olan göz, bize güzellik duygusunu veren özel uyarılma niteliğini aktararak, cinsel nesnenin ele geçirilmesinde önemli bir rol oynar. Cinsel nesnenin niteliklerine, **uyarıcılar** diyeceğiz. Bu uyarıcı, bir yandan bir zevk almayı belli eder; diğer taraftan cinsel uyarılmanın şiddetini artırır, ya da henüz yoksa onu oluşturur. Eğer bu ilk uyarılmaya, değişik bir erojen bölgeden, sözgelişi, elle dokunmadan gelen bir başkası katılırsa etki aynı kalır: Haz duygusu çok geçmeden, hazırlayıcı değişikliklerden ileri gelen yeni bir hazla güçlenir ve cinsel gerilimin artması, az sonra, eğer daha sonraki zevke varmasına izin verilmezse pek belirli bir hazsızlık karakteri alır. Bu durum, özel bir erojen bölge (örneğin, kadında meme) uyarıldığında, cinsel olarak heyecanlanmamış bir kimsede belki daha da aydınlıktır. Bu dokunma, aynı zamanda cinsel kamçılanmayı uyarmaya başka her şeyden daha elverişli olduğundan, daha fazla haz duyma gereksinimine yol açan bir haz duygusu doğurmaya yeter.

Haz duyarak, daha büyük bir haz istemek nasıl oluyor? İşte bütün sorun bu.

İlkel Hazzın Mekanizması. — Şimdi sözünü etmiş olduğumuz bu durumda, erojen bölgelere düşen rol açıktır. Onlardan biri için doğru olan öbürü için de doğrudur. Onların hepsi, elverişli bir uyarılma sonunda gerilimin hareket noktası olan belirli bir haz toplamı doğurmaya yararlar; bu da, sırasında cinsel eylemin sonuca varması için gerekli enerjiyi sağlar. Sondan bir önceki evresi, bir erojen bölgenin gerekli biçimde uyarılmasıdır; yani penisin başının kendisine en elverişli bir nesne olan vajina mukozası tarafından uyarılmasıdır; bu uyarılmanın sağladığı haz, bu kez refleks yolu ile üreme maddelerinin boşaltılmasına kumanda eden hareket verici enerjiyi doğurur. Bu en son haz yani şiddeti en yüksek noktaya çıkmış olan haz, mekanizması ve kendinden önce gelmiş olandan ayrılır. Bu hazzın tümü, bir gevşeme ile son bulur; bu, tatmin üzerine oturan bir hazdır ve onunla birlikte bir süre için libidonun gerilimini yok eder.

Erojen bölgelerin uyarılmasından doğmuş hazla, üreme maddelerinin haz arasındaki ayrılığı değişik terimler kullanarak belirtmek bana haklı gibi görünmektedir. Bu hazlardan birincisi, *son haz*'a. karşıt olarak *ilk haz* diye tanımlanabilir. İlk haz, henüz ilkel bir halde ise de çocuk onu, cinsel dürtülerinin varabildiği sonuçta bile bulur. Görünen yeni şey son bazdır, dolayısıyla bu, bütün olasılıklara göre, ancak erginlikte kendilerim gösteren bazı koşullara bağlıdır. Erojen bölgelerin yeni işlevi şöyle açıklanabilir: Çocukta elde edildiği gibi ilk haz yoluyla en üstün dereceyi temsil eden tatmin-hazzını doğurmaya yarar.

Tüm değişiklik psikolojik bir alandan çıkarılmış başka bir örneği kullanarak benzer bir hali az önce açıkladım; bunda en az şiddette bir haz duyusu aracılığıyla üstün bir zevke varılır, ki bu bir tür çekicilik hammaddesi değeri alır. Bu örneği hazzın temelini daha yakından analiz etmek için kullandım.[70]

**İlk Hazzın Tehlikesi.** — İlk haz ile çocuğun cinsel yaşamı arasında kurmuş olduğumuz bağlantı, bu hazzın yapabileceği patojen (hastalık doğurucu) bir etki ile doğrulanır. İlk hazzın katıldığı mekanizma içinde açıktan açığa bir tehlike bulunur; cinsel eylemin normal sonuçlanması ile ilintili olan bu tehlike, hazırlayıcı cinsel sürecin herhangi bir evresinde, gerilim payı pek güçsüz kaldığı halde ilk hazzın pek büyük bir hal aldığı andan başlayarak kendini gösterir. Bu durumda, dürtüsel güç gevşer, öyle ki, cinsel süreç yürümez; gideceği yol kısalır, hazırlayıcı işleyiş, cinselliğin norma) amacının yerini alır. Deneye göre bu kısmi dürtünün karşılık verdiği söz konusu erojen bölgenin çocuk yaşamı boyunca çoktan aşırı bir şekilde haz üretimine katılmış olduğunu kabul ettirir. Eğer, daha sonra, bir bağlanım yaratmaya eğilim gösteren bazı koşullar eklenirse, ilk hazzın yeni mekanizmaya katılmasına karşı duracak olan bir zorlama görülecektir. Çok sayıda sapıklıklar böyle hazırlayıcı eylemlerde takılıp kalmakla karakterize edilirler.

Üreme bölgesi çocukluk sırasında erken gelişmiş olduğu zaman, ilk nazdan ileri gelen cinsel mekanizmanın bu başarısızlığı daha iyi önlenebilir, ikinci çocukluk boyunca (sekizinci yaştan erginliğe dek), bütün hazırlıklar bu etkiye tutulmuş gibi görünürler. Bu yıllar süresince, üreme bölgeleri aşağı yukarı olgunluk çağındaki gibi hareket ederler.

Bunlar, herhangi bir erojen bölgenin doyumundan ileri gelen bir haz duyulduğunda, ve bu henüz ereksiz olmakla, yani cinsel süreci devam ettirmeye yararı dokunmamakla birlikte, uyarmaların ve hazırlayıcı değişikliklerin merkezi halini alırlar, çocukluk süresince, tatmin-hazzının yanında, daha az kararlı ve daha az şiddetli olmakla birlikte, belli bir cinsel gerilim oluşur. Böylece, cinselliğin kaynaklarım tartışırken, söz konusu sürecin hem cinsel doyum, hem de cinsel uyarılma olarak etki yaptığını ileri sürmemizin yanlış olmadığı ortaya çıkmış bulunuyor. Bu bize önce, çocuğun cinsel yaşamıyla yetişkinin cinsel yaşamı arasındaki ayrılığı abarttığımızı kanıtlamıştı; buna gerekli düzeltmeyi getiriyoruz. Cinselliğin çocuksu gösterileri yalnız sapmayı değil, aynı zamanda yetişkinin cinsel yaşamının normal oluşumunu da belirlemektedir.

## II. CİNSEL UYARILMA SORUNU

Buraya dek, erojen bölgelerin doyumu ile hazza eşlik eden cinsel gerilimin nereden geldiğini, niteliğinin ne olabildiğini açıklamamıştık.[71] Ortaya çıkan ilk varsayım, herhangi bir şekilde hazzın kendisinin sonucu olarak çıktığım düşünmeye dayanır. Üreme ürünlerinin çıkarılmasına bağlı en son haz şifasında, yalnız daha çok gerilim doğurmamasından değil, fakat bütün gerilimin ortadan kalkmasından dolayı, bu varsayım kabul edilemez. Bu bize cinsel hazzın ve gerilimin birbirlerine ancak dolaylı bir şekilde bağlı olduklarım kabul ettirir.

**Cinsel Ürünlerin Rolü**. — Normal olarak üreme ürünlerinin cinsel uyarılmaya son vermesi olgusundan ayrı, başka belirtiler bizim gerilimle üreme ürünleri arasında bir bağlantı oluşturmamıza fırsat verir. Cinsel perhiz durumlarında, üreme aygıtı cinsel bir birleşmeyi temsil eden bir düş sayıklaması sırasında bir hazza eşlik eden bir boşaltma yapar; bu boşalma olayı değişik dönemlerde, ama az çok düzenli aralıklarla geceleyin ortaya çıkar. Bu süreci (gece kirlenmesini) açıklamak için, cinsel birleşmenin yerine, bir aldatıcı düş koyarak amacına kestirme yoldan' varan cinsel gerilimin, üreme ürünleri haznesinde sperma birikmesinden doğduğunu ileri sürenler olmuştur. Cinsel mekanizmanın kuvvetten düşmesi konusunda yapılabilen deneyler aynı yönde belirtiler sağlamaktadır. Tohum hazneleri kuvvetten düştüğünde, yalnızca cinsel eylemin yapılması olanaksızlaşmaz, erojen bölgelerin uyarılması da eksik kalır. Hatta uygun yollarla uyarılsalar da bu bölgeler hiçbir haz doğurmazlar. İşte, geçerken şunu kanıtlıyoruz ki, erojen bölgelerin uyarılabilmeleri için mutla olarak bir cinsel gerilim gereklidir.

Böylece yanılmıyorsam, genellikle pek yaygın olan bir varsayımı kabul etmek gerekecektir; buna göre, üreme ürünleri, gerilimi yaratmakta ve sürdürmektedir. Olay, belki bu ürünlerin, haznelerinin çeperlerine bir basınç yapmasından ve bunun bilinçte gerilim duygusu ortaya çıkacak şekilde yutarı merkezlerce algılanan bir ilksel uyarıcı gibi hareket etmesinden ileri gelmektedir. Erojen bölgelerin cinsel gerilimi artırdığı olgusu, o zaman, ancak bu erojen bölgelerin önceden oluşmuş anatomik ilintilerle bağlandığını, bu merkezlerde uyarılmanın gerginliğini artırdıklarım ve sonunda yeterli bir dereceye varan gerilimin cinsel eylemi kışkırttığını ya da yeterli ise üreme ürünleri doğurmaya ittiğini kabul edersek açıklanabilir.

Bu kuramda bulduğumuz güçsüzlük, sözgelişi Kraft-Elbing'in cinsel süreç anlatımında bulduğumuz güçsüzlük, şuna dayanmaktadır: Sadece yetişkindeki cinsel etkinliği dikkate almakta, aydınlatmak zorunda olduğu şu üç fonksiyon düzenini büyük çapta ihmal etmektedir: Çocuktaki, kadındaki, erkek hadımdaki oluşlar. Bu üç durumda, bir cinsel ürünler birikmesi söz konusu olamaz; bu ise, kuramın tam olarak uygulanmasını güçleştirir. Bununla birlikte, bu durumların kendilerini yukarıdaki kurama uydurmaya olanak veren kimi belirtilerinin var olduğu kabul edilebilir. Öte yandan, gözden geçirdiğimiz etkenlerin hepsine, oynamak gücüne sahip olamadığı bir rol vermekten kaçınmak gerekir.

**İç Cinsel Aracın Önemi**. — Cinsel uyarılmayı kanıtlayan şey, üreme ürünlerinin oluşumuna bağlı olmayan, önemli bir derecede, erkek hadımlar üzerinde yapılmış olan deneylerdir ki bunlar, kimi zaman uğradıkları ameliyata karşın dokunulmamış bir libido saklarlar. (Genel kural olarak işlemin amacına erişilse bile bu aksi bir sonuçtur.) [Ayrıca uzun zamandan beri, erkekte üreme bezlerinin üretimini yok etmiş olan hastalıkların libidoyu dokunulmamış bıraktığı ve kişinin kısır hale geldiği bilinmektedir.] O halde C. Riefer'in bulmuş göründüğü gibi, sperma salgılayan bezlerin yitiminin çoktan ilerlemiş yaşta bir kimsenin psişik davranışı üzerinde etkisiz kalabilmesi şaşırtıcı değildir. Erginlik çağından önce küçük yaşta yapılan hadımlaştırmanın bir noktaya dek cinsel karakterlerin silinmesine neden olduğu doğrudur ve bu durumda', üreme bezlerinin yitmesi dışında onların tahribinden çıkan bir gelişme duraklaması olabilir.

**Kimyasal Kuram**. — Hayvanlar üzerinde yapılmış üreme bezlerinin (yumurtalıklar,) kesilip alınma ve omurgalılarda[72] yeni organlar aşılama deneyleri en sonunda cinsel uyarılmanın kaynağı üzerine bir ışık serpmiştir ve üreme ürünleri hücrelerinin birikimine bağlanabilen önem daha da azalmıştır. Deneysel olarak bir erkeği dişiye çevirmek ve tersini yapmak mümkün kılınmıştır ki bu, hayvanın davranışında aynı zamanda bir değişim yaratmaktadır ve bedensel cinsel karakterlere uygun düşmektedir. Bununla birlikte cinsi belirleyen bu etki özgül hücreleri (spermatozoid ve yumurtacık) üreten üreme bezi bölümüne değil, fakat küçük aralıklar içindeki dokuya bağlanır; bu nedenle o, adlarını saydığımız yazarlarca "erginlik bezi" olarak tanımlanmıştır. Sonraki araştırmaların sonuç olarak bize, "erginlik bezi" nin, normal hünsa halde olduğunu kabul ettirebilir; bu, üstün hayvanların çift cinsellikli yaşamına anatomik bir temel verir. Bu andan başlayarak, cinsel uyarılma üretiminde, onun, rol oynayan tek organ olmadığı düşünülebilir. Ne olursa olsun, zaten, yeni biyolojik buluş, cinselliğe göre tiroid maddesinin işleyişi üzerine daha önce söylediğimize bağlıdır.

Şimdi üreme bezlerinin küçük aralıklar içindeki doku bölümünün özel bir karakterde kimyasal maddeler ürettiğini ve bunun kan dolaşımı ile taşınarak merkez sinir sisteminin bazı bölümlerini bir cinsel gerilim durumuna getirdiğini ileri sürebiliriz.

Bazı şehvet uyarıcı toksinlerden ileri gelen bir uyarımın özgül karakterde organik bir uyarıma dönüşmeleri olgusunu çoktan biliyoruz. Şimdiyse, bir varsayım biçimi altında bile olsa, merkez aygıtının bir geriliminin öncelik ettiği, şehvet doğurucu bölgelerin bir uyarılması ile cinsel kamçılanmanın nasıl doğduğu ve bu süreçten sonuç olarak çıkan salt toksik ve fizyolojik kamçılanmaların karmaşmalarının neler olduğunu incelemek söz konusu olamaz. Burada böyle bir anlayıştan, cinsel metabolizmadan türeyen özel karakterde bazı maddeler kavramım meydana çıkarmak yeter. Çünkü, önce keyfe bağlı gibi görünen bu kuram, pek önemli bir olguya dayanmaktadır. Cinsel yaşamın bozukluklarına çevrilebilen nevrozların bozuklukları, zehirlenme olayları ve haz sağlayan bazı toksiklerin (lalkaloidler) alınmasının doğurduğu gereksinim hali ile en büyük klinik benzerliğe sahiptir.

### III. LİBİDO KURAMI

Cinsel uyarılmanın kimyasal bir temeli olduğu kuramı, cinsel yaşamın psişik gösterilerini anlamamıza ve onlar üzerinde egemen olmamıza yardım etmesi için kurduğumuz anlayışlara tamtamına uygundur. Bir **libido** kavramı üzerinde durmuştuk ki bu onu bize cinsel uyarılma alanındaki süreci ve değişmeleri ölçmemize olanak veren nicelikte değişken bir kuvvet yapmaktadır.

Libido'yu, genellikle bütün psişik süreçlerin temelinde varsayılması gereken enerjiden ayırıyoruz: kurduğumuz ayırma libidoya özgü kaynaklara aymaktadır; böylece ona nicel karakterinden fazla olarak nitel bir karakter veriyoruz. libidonun enerjisini bütün öbür enerjilerden ayırdığımız zaman organizmanın cinsel süreçlerinin özel bir kimyasallıkla beslenme işlevinden ayrıldığım kabul ediyoruz. Sapıklıkların ve psikonevrozların analizi bu cinsel uyarımın yalnızca üreme bölümleri denilen bölümlerden ileri gelmediğini, fakat bütün öbür organlardan geldiğini bize öğretmektedir. Böylece, bir libido niceliği kavramı ortaya atıyoruz ki bunun temsilcisine **ben libidosu** diyoruz; onun üremesi, artması, dağılması ve yer değiştirmelerinin bize psikoseksüel olayları açıklama yollan sağlaması gerekir.

Gelgelelim, ben libidosu, ancak cinsel nesneyi ele geçirdiği zaman, yani nesne libidosu haline gelince, analize elverişli almaktadır. İşte o zaman onun, nesneler üzerinde yoğunlaştığını, orada saptandığını ya da onları bıraktığını, başka nesnelere dönmek için onlardan ayrıldığını ve ele geçirdiği durumların kişinin cinsel etkinliklerine yön verdiğini, sonra doyuma, yani libidonun kısmî ve geçici bir sönmesine götürdüğünü görüyoruz. Aktarma nevrozları demeye alıştığımız oluşların (isteri ve saplantılı nevrozlar) psikanalizi, bu noktada açık kamlara varmamıza olanak vermektedir.

Nesne libidosu ile ilgili olarak, onun nesnelerinden koparak, özel gerilim koşulları içinde askıda kaldığını ve sonunda yeniden **ben libidosu** haline gelecek şekilde ben'in içine girdiğini görüyoruz. Ben, libidosuna, nesne libidosuna karşıt olarak, **narsis libidosu** da diyoruz. Psikanaliz bizi, işlememize

İzin verilmemiş olan bir bölge üzerine, narsis libidosu bölgesine bir göz atmaya ve her iki libido arasında bağlantılar olduğu düşüncesi kurmaya götürmektedir.[73] **Ben libidosu** ya da **narsis libidosu,** bize, nesne bağlanımlarının hareket ettiği ve sonra ona doğru geri, getirildiği büyük hazneyi kuran gibi görünmektedir. Ben'in libido bağlanımı bize, çocuklukta gerçekleşmiş başlangıç hali, sonradan libido dışa doğru yöneldiğinde maskelenmiş, fakat aslında saklanmış olan bir ilk durum gibi görünmektedir.

Nevrotik ve psikotik bozuklukları açıkladığını ileri süren bir libido kuramının, gözlemlenen bütün olayları ve libidonun kendisinin bize sağladığı terimler içinden çıkarılabilenleri anlatabilmesi gerekir. Ben libidosunun değişimlerinin, özellikle psikotik mizacın derin bozukluklarını açıklamak söz konusu olunca daha büyük bir önem kazanacağı kolayca varsayıla-bilir. Girişimi güç kılan şudur ki, şimdiye dek, psikanaliz bize, nesne libidosunun değişimleri üzerine belli bir şekilde bilgiler veriyorsa da[74], buna karşı, ben içinde etki yapan başka enerjilerin ben libidosunu net bir şekilde ayırt etmede öyle değildir[75] Bunun için halen bir libido kuramı ancak kurgular yöntemiyle izlenebiliyor. Fakat buraya dek yapılmış olan gözlemlerin bize getirdikleri eğer C.G. Jung gibi, libido kavramı genel olarak psişik enerjininkine benzetilerek sulandırılırsa, reddedilir.

Başkalarının cinsel dürtülerin ayırt edilmesi, libido kavramının cinsel dürtülere özgü olması, en güçlü dayanaklarını yukarıda açıkça ileri sürdüğümüz cinsel işlevin Özel bir kimyasallığına ilişkin varsayımda bulurlar.

## IV. CİNSLERİN BİRBİRİNDEN AYRILMASI

Yalnız ergenlik döneminde, erkek karakteri ile dişi karakteri arasında belirli bir ayrılma sonunda, başka her şeyden çok, yaşamın akışı üzerine kesin bir etki yapan bir karşıtlık ortaya çıktığımın görüldüğü bilinir. Eril ve dişil eğilimlerin, daha çocuk yaşı süresince görüldüğü doğrudur. Cinsel yasaklamaların gelişmesi (utanma, iğrenme, acıma) küçük kızlarda erken tamamlanır ve küçük erkek çocuklardakinden daha az direnme ile karşılanır. Aynı şekilde, kızlarda cinsel içe tıkmaya eğilim daha büyük bir rol oynar görünür ve kısmî cinsel dürtüler ortaya çıktıkları zaman, edilgin bir biçim içinde dile gelmeye yatkındır. Bununla birlikte, erojen bölgelerin kendi kendilerini uyarma (otoerotik) etkinliği her iki cins için de aynıdır ve bu çocuk yaşında cinsel ayrılığın ergenlikten sonra olacağı gibi görünmesini önler. Otoerotik ve mastürbasyoncu gösteriler dikkate alınırsa, küçük kızların cinselliğinin derinden derine bir erkek karakterine sahip olduğu tezi ileri sürülebilir. Bundan başka, eril ve dişil anlayışlarına daha kesin kavramlar vererek, libidonun, kararlı ve düzenli bir biçimde eril esaslı olduğu, erkekte de-kadında da görüldüğü ve nesnesinden yapılan soyutlamanın erkek ya da kadın olduğu söylenebilir.[76]

Çift cinslilik kuramı bilgisine sahip olduğumdan beri, bu etkene kesin bir önem bağladım ve öyle sanıyorum ki, erkeğin ve kadının cinsel gösterileri bunlar hesaba katılmaksızın yorumlanamazlar.

**Erkekte ve Kadında Şehvet Uyarıcı İletken Bölgeler**. — Yine şunu da ekleyelim ki, küçük kızda şehvet uyarıcı iletken 'bölge, haşefede bulunan ve erkek üreme bölgesinin benzeri olan klitoriste yerleşmiştir. Küçük kızlardaki mastürbasyon üzerine deneyimin bütün bana öğrettikleri, cinsel yaşamdaki rolü ancak daha sonra ortaya çıkacak olan iç üreme bölümleri dışında, klitorisin önemini bana göstermiştir. Hatta küçük kızın, pek az istisnalarla, ayartılmanın etkisi altında klitoris mastürbasyonundan başka şeye getirebildiğinden kuşkuluyum. Küçük kızlarda pek sık rastlanan kendiliğinden cinsel gösteriler, klitorisin birden gelip geçen büzülmeleri şekli altında görülür ve bu organın sık sık sertleşip dikilmesi (ereksiyon) onlara, öbür cinsin cinsel gösterileri üzerine, küçük erkek çocuğun duyduğunu, kendi duyuları ile tanımlayarak bilgi vermeye yeter.

Küçük kızı kadın olmaya götüren gelişimi anlamak istersek, klitoris uyarılmasının geçtiği çeşitli evreleri izlemek gerekir. Erkek çocukta büyük bir libido itmesine neden olan erginlik, kızda özellikle klitoris cinselliğine erişen yeni bir içe tıkma dalgası ile karakterize edilir. 0 zaman, içe tıkılan bir erkek cinselliği öğesidir. Erginliğin karakteristik içe tıkması şurasında görünen, cinselliğe karşı engellerin güçlenmesi, erkeğin libidosuna uyarıcı bir öge sağlar ve onu daha yoğun bir etkinliğe yöneltir. Libidonun artması ile oranlı olarak cinsel değer tanıma artar ve o zaman, cinsel karakterini kabul etmeyen ve yadsıyan kadının karşısında tam açılmasına erişiri

Klitoris, kadının sonunda hazır olduğu cinsel eylem sırasında uyarıldığı zaman, uyarılmayı bitişik üreme kısımlarına geçirmekten ibaret olan rolünü bırakmaz; bu biraz sert odunları yakmaya yarayan kuru, tutuşturma odunlarının işine benzer. Bazen bu işini aktarma olmadan belli bir zaman önce bırakır, o sırada genç kadın hazza karşı duygulu hale gelmemiştir. Böyle bir duygusuzluk, klitoris bölgesi uyarılmasının aktarmayı reddettiğinde ki bu durum çocukluk dönemi boyunca klitorisin aşırı etkinlik göstermesinden ileri gelir— sürekli olarak kurulabilir. Kadının duygusuzluğunun çoğu zaman görünüşte ve sadece lokal olduğu bilinir. Vajina deliğinin uyarılmalarına duygusuz olanlar, klitoristen hatta başka bir bölgeden gelenlere karşı duygusuz değillerdir. Bu erojen duygusuzluk nedenlerine psişik karakterde başka nedenler eklenir ki bunlar, birinciler gibi bir içe tıkma tarafından koşullanmışlardır.

Erojen duyarlık klitoristen vajina deliğine aktarıldığı zaman, kadında ilerde cinsel yaşamına bağlanacak olan bir iletken bölge değişimi işlemi yapılmıştır; oysa erkek, çocukluğundan beri aynı bölgeyi korumuştur. Bu şehvet uyarıcı iletken bölge değişmesi ile erginlik döneminde sanki küçük kızdaki cinsel erkeklik karakterini ortadan kaldırmak ister gibi görünen içe tıkma itmesi arasında, kadını nevrozlara ve özellikle isteriye hazırlayan koşullar buluyoruz. Bu koşullar kadınlığın esasına sıkı sıkıya bağlıdırlar.

## V. NESNENİN KEŞFEDİLMESİ

Erginlik sürecinin, üreme bölgelerinin üstünlüğüne fırsat verdiği, sertleşip dikilebilir duruma gelmiş erkeklik organının itmesinin yeni amacı gösterdiği, yani bir oyuğa sokulmasının kamçılanma doğuracağı aynı zaman içinde, psişik gelişme, cinselliğe nesne bulmaya olanak verir ki, o buna çocukluktan beri hazırlanmıştır. Cinsel doyumun, besinlerin soğurulmasına bağlı olduğu dönemde, cinsel dürtü nesnesini dışarıda, annenin memesini emmede buluyordu. Bu nesne daha sonra, belki çocuk, ona bir doyum sağlayan organın bağlı Olduğu kimseyi bütünüyle görme gücüne tam sahip olduğu anda yitirilmiştir. Cinsel dürtü o andan beri otoerotik olur ve ancak gizlilik dönemini aştıktan sonra ilk bağlantı yeniden kurulur. Çocuğun, annenin göğsünde bütün sevgi bağlantılarının prototipi haline gelmesi nedensiz değildir. Cinsel nesneyi bulmak, aslında, onu yeniden bulmaktan başka bir şey değildir.'?

**Emzirme Dönemkide Cinsel Nesne**. — Bununla birlikte,'

Hepsinin ilki ve en önemlisi olan bu bağlantıdan, cinsel etkinlikle besin soğurma arasında yapılan ayırmadan sonra da, nesne seçimini hazırlamaya ve böylece yitik mutluluğu yeniden bulmaya yardım eden önemli bir kalıntı yaşamakta devam eder. Bütün gizlilik süresince çocuk» kendine ilk mutsuzluğu içinde yardım eden gereksinimlerini giderek başka kimseyi **sevmeyi** öğrenir ve bu sevgi, emzirme döneminde anne ile kurulmuş bağlantılar modeli üzerine ve onunla süreklilik halinde oluşur. Sevgi duygularım ve kendine bakan kimseler için gocuğun tercihlerini cinsel sevgiye benzetmek belki reddedilecektir. Fakat daha derinleştirilmiş bir psikolojik araştırmanın, bu benzerliği mutlak bir belirtikle ortaya çıkarabildiğine inanıyorum.

Çocuğun kendine bakan kimselerle bağlantısı, onun için, erojen bölgelerden hareket eden sürekli bir uyarım ve doyum kaynağıdır-. Ve bu, bakmakla görevli kimse (genellikle anne), kendi cinsel yaşamından türeyen duygular gösterdikçe, onu öptükçe, salladıkça, hiç kuşkusuz, tam bir cinsel nesnenin yerini alan şey saydıkça, o kadar fazla olur." Eğer bir anneye bu şekilde, okşamaları ile çocuğunun cinsel dürtüsünü uyardığı ve onun gelecekteki şiddetini belirlediği söylenirse", belki anne pek şaşıracaktır 0, hareketlerinin cinsel olmayan ve içinde cinselliğin hiç payı bulunmayan "saf" bir sevgiyi gösterdiğine, çünkü çocuğun cinsel organlarını uyarmaktan, beden bakımlarının istediğinden de çok kaçındığına inanır.

Fakat biliyoruz ki, cinsel dürtü, yalnızca üreme bölgesinin uyarılmasıyla doğmaz. Sevecenlik dediğimiz duygu, bir gün üreme bölgesi üzerine yansımaktan geri kalmaz. Zaten anne, akıl yaşamının tümü içinde, her ahlakî ve psişik etkinlikte cinsel dürtünün önemi üzerinde daha bilgili olursa, kendisine en küçük sitem yapılmasını önleyecektir. Çünkü tam ve esen, iyi gelişmiş bir cinselliğe sahip olması gereken, yaşamında, dürtüsünün ona emrettiğiyle yetinecek olan çocuğuna sevmeyi öğretirken, anne, ancak görevini yapmaktadır. Aşırı bir ana-baba sevgisi, erken bir şehvetlilik doğurabileceği, çocuğu, "şımartacağı", bir zaman süresince aşktan vazgeçmede ya da ölçülü bir aşkla tatmin olmada güçsüz kılacağından, zararlı bir hal alır. Ana-baba sevgisi gereksiniminde çocuğun doymaz görünmesi olgusu, sonraki bir nevrozun en iyi belirtisidir ve öte yandan, onlar büsbütün nevropat ana-babalar olurlar; bilindiği gibi, ölçüsüz bir sevgi eğilimindedirler, okşamaları ile çocuğun nevroza eğilimlerini uyandırırlar. Bu örnek bize, nevrozların çocuklara aktarılması konusunda soya-çekiminden daha dolaysız yollar olduğunu gösteriyor.

**Çocuk bunaltısı.** — En küçük yaştan beri çocukların davranışı, onların kendilerine bakan kimselere bağlanmalarının cinsel sevgisi niteliğinde olduğunu pekiyi göstermektedir. Çocuklardaki bunaltı, başlangıçta, sevilen kimsenin yokluğu duygusundan başka bir şey değildir. İşte bunun içindir ki her yabancıya korku ile yaklaşırlar, karanlıkta bunalırlar, çünkü sevilen tutabilirlerse yatışır. Çocukların korkularından, umacıları ve sütninelerin korkunç öykülerini sorumlu saydığımız zaman, onların önemlerini fazla büyütmekteyiz. Yalnız, önceden eğilimli olan çocukları böyle masallar etkiler, başkaları üzerinde hiç etki yapmazlar. Cinsel dürtüsü erken beliren ya da aşırı ve çok istekli olan bu çocuklar bunaltılara karşı bir eğilim gösterirler. Bu durumda çocuk bir yetişkin gibi davranır:- Libidosu doyuma erişmediği anda bunaltıya döner. Doyuma ulaştırılmamış bir libido yüzünden nevrozlu bir yetişkin ise bunaltıları içinde bir çocuk gibi davranır. Yalnız bırakılır bırakılmaz, yani sevgisine güvenebileceği bir kimse bulunmadığı anda korkmaya başlar ve bunaltılarım yenmek için en çocukça önlemlere başvurur.[79]

**En Yakınlarla Cinsel Birleşime Engel.** — Eğer ana-babaların sevgisi çocuğun cinsel dürtüsünü erkence uyandırmayı başarırsa, yani ona, erginliğin fiziksel koşulları gerçekleşmeden, psişik uyarılmanın üreme organları üzerine kesin bir biçimde taşınması gibi bir olgunluk vermeyi önlerse, o zaman bu sevgi, kendine düşen ve yetişkin hale gelmiş çocuğa cinsel nesne seçiminde kılavuzluk etmekten ibaret olan görevini yerine getirebilecektir. Elbette, çocuk bir çeşit hafifle-

Mis bir libidonun etkisi ile doğal olarak çocukluğundan beri sevdiği kimseleri seçmeye eğilim gösterecektir.[80] Fakat cinsel olgunluk geciktirilmiş olduğundan, başka cinsel yasaklamaların yanı sıra, en yakınlarla cinsel birleşmeye karşı engeli dikmek için gerekli zamanı kazanmıştır. Çocuk, küçüklükte sevilen, kendisiyle aynı kanı taşıyan kimseleri ivedilikle nesne seçimin dışına çıkaran ahlak kurallarını zihnine yerleştirebilmiştir. Böyle bir yasaklama, ailenin, üstün toplum örgütleri kurmak için kullanması gereken bütün güçleri soğurmasını önlemek zorunda olan toplum tarafından emredilir. Toplum o zaman, üyelerinden her birinde ve özellikle yetişkinde, yalnız çocukluk süresinde var olan aile bağlarının gevşemesi için her yolu kullanır [81]

Fakat nesne seçimi, önce imgelerin içinde yapılır ve yetişkinin cinsel yaşamı o an için fantezileri, gerçekleşme yazgısına sahip olmayan görünümleri bırakmaktan başka bir şey yapamaz.[82] Bu fanteziler içinde bütün insanlarda, çocuğun bedensel gelişmesi ile güçlenen eğilimleri ve hevesleri bulunur bu eğilimler arasında önemi ve sık oluşu bakımından en dikkati çeken, çoğu zaman çocuğun anababasına doğru cinsel çekimi dolayısıyla beliren bir karakter kazanmıştır; oğul anaya ve kız babaya doğru gider.[83]

Bu fantezilerin aşıldığı aynı zaman içinde, erginlik çağına özgü bir psikolojik çalışma yapılır ki bu, en önemlileri, fakat en acı verenleri arasında sayılır. Bu, çocuğun ana-baba otoritesi altından çıkmak için yaptığı çaba, ilerleme için pek önemli olan, yeni ve eski kuşak arasındaki karşıtlığı tek basma doğuran çabadır. Normal kimsenin bu gelişme evrelerini geçirmesi gerekir. Bazı kimseler duraklayabilirler ve böylece ana-baba otoritesinden hiçbir zaman çıkmamış olan, sevgi duygularım ana-babalarından koparamamış ya da hiç değilse bunu ancak eksik bir şekilde yapmış kişiler bulunur.

Daha çok, ana babalarının büyük sevinci karşısında, erginliğin çok ötesinde de, çocukluk sevgisine büsbütün bağlı kalan kızlar vardır. Bu genç kızların, evlendikleri zaman, kocalarına borçlu oldukları her şeyi verecek durumda olmadıklarım ortaya çıkarmak çok ilgi çekicidir. Bunlar soğuk eşler olurlar ve cinsel bakımdan duygusuz kalırlar. Bundan şu çıkarılabilir: Görünüşte cinsel olmayan oğulsu sevgi (amour filial) ile cinsel sevgi aynı kaynaktan beslenmektedir; yani oğulsu sevgi, libidonun çocukça bir saplanımın dan başka bir-şey değildir.

Psikoseksüel evrimin derin bozukluklarına daha çok yakından bakıldıkça, cinsel nesne seçiminde, en yakınlarla cinsel birleşme öğesinin önemi öğrenilmektedir. Psikonevroz hallerinde nesneyi arayan psikoseksüel etkinlik, cinsel içe-tıkma yüzünden bilinçsizlik içinde kalmaktadır. Cinsel yasamın 'büyük istekleri karşısında aşırı bir sevgi gereksinimi *y&* aynı zamanda yine aşırı bir korku duyan genç kızlar, kendilerini bir yandan hayatta cinsel olmayan bir aşk ideali aramaya, öte yandan sitemlerle karşılaşmaksızın gösterebildikleri bir sevgi ile libidolarını maskelemeye götüren dayanılmaz bir girişime atılmış bulunurlar. Bütün yaşamlarınca ana-baba-larına, kız ve erkek kardeşlerine 'karşı çocukça sevgi duygularım, erginliğin yenilemiş olduğu sevgi duygularım sürdürürler. Marazî semptomlar arasında onların bilinç-dışı düşüncesini arayan ve onu aynı zamanda bilince getiren psikanaliz, bu tiplerin ana-babalarının **âşıkları** olduklarını kolayca kanıtlayabilir. Normal bir insan olarak başlamış bir kimsenin, mutsuz bir aşktan sonra patolojik karakterler göstermesi halinde de bu aynıdır. Hastalığın mekanizmasının, çocuklukta sevilen kişilerde libidoya dönüşe dayandığı pek açıklıkla ispat edilebilir.

**Çocuksu Nesneler Seçmenin Uzak Etkileri.** — libidosunun yasak bir saplanımını önlemiş olan kimse, bununla bile, onun etkisinden kurtulmuş değildir. Bu, hiç kuşkusuz genç bir adamı ilk ciddi aşkları için olgun yaşta bir kadını seçmeye ve genç kızı, yaşlı bir adam sevmeye götüren yansımadır.

Bu kimseler onlarda ananın ya da babanın hayalini yaşatırlar.[84] Cinsel nesne seçimin, genellikle, daha serbest bir şekilde bu modeller üzerine dayanılarak yapıldığı kabul edilir. Her şeyden önce erkek, annesinin hayalini, ona çocukluğundan beri egemen olmuş olan annesinin hayalini arar. Hâlâ yaşıyorsa, annenin, kendisinin yerine geçecek olan bu ikinci varlığa karşı durması ve ona düşmanlık göstermesi olayı da, yukarıdaki olayla iyice bağdaşır. Eğer çocuklarının sonraki cinsel nesne seçmelerini belirlemek için ana-babalarına karşı olan bağlantıları iyice dikkate alınırsa, çocukta bu bağlantıları bozan her şeyin, yetişkinin cinsel yaşamı için en ağır sonuçları olacağı kolayca anlaşılır. Böylece âşıkların kıskançlıklarının kuşkusuz ki çocukluk deneylerinde kökleri vardır, hiç değilse onlar tarafından güçlendirilmişlerdir: Ana-babaların aralarındaki kavgalar, mutsuz bir evlilik, sonuç olarak çocuklarında cinsel gelişme bozukluklarına ya da nevrozlara yatkınlıklar doğurur.

Çocuğun ana-babası için sevgi duygusu, belki erginlikte yenilenerek nesnenin seçilmesine kumanda edecek olan derin izlenimler bırakır. Fakat bu, dikkate alınması gereken tek etken değildir. Oldukça uzak kaynağı olan başka eğilimler, yetişkine çocuklukta yapılmış deneylerden esinlenerek birçok cinsel seriler geliştirmeye, yani nesnenin seçiminin belirlenmesinde çeşitli koşullar gerçekleştirmeye imkân verir?[85]

**Dönüklüğün Önlenmesi.** — Cinsel nesne seçiminin apaçık amaçlarından biri karşıt cinse ait bir nesne üzerine gitmekten ibarettir. Sorun bilindiği gibi, ancak bazı el yordamlarından sonra çözümlenebilir. Erginlik uyandığında, erkek çoğu zaman ilk hareketlerinden sapıtır. Bu sapıtmalar sürekli bir kötülük getirmezler. Dessoir, aynı karakterlerin, gençlerin kendi cinslerinden arkadaşları için her zaman heyecanlı ya da romanesk dostluklarında, ne düzenlilikle bulunduğunu tümüyle fark etmiştir. Dönüklüğün uzamasını önleyen güç, her şeyden önce, karşıt cinslerin birbirleri üzerine yaptıkları cinsel çekimdir. Burada, bu çalışmanın çerçevesi içinde bu olayın bir açıklamasını deneyemeyiz.[86] Fakat bu etken, kendi başına dönüklüğü önlemeye yetmez. Buna aynı yönde hareket eden ikinci derecede öğeler katılırlar.

En başta, toplumun yasaklayıcı etkisini saymak gerekir. Dönüklüğün bir suç sayılmadığı yerde bunun birçok kimsenin cinsel isteğine karşılık verdiği görülebilir. Aynı şekilde erkekte, kendisini annesinin ya da çevresindeki kadınların sevgilerine bıraktığı sıradaki çocukluk anıları, kadınlar üzerindeki seçimini yönetmeye kesin bir şekilde katılır; oysa çocuğa karşı erkence yapılan cinsel korkutma, ona karşı alınmış rakip durumu, küçük erkek çocuğu kendi cinsinden çevirir. Gelgelelim, şunu da ekleyelim ki, bu iki etken, cinsel etkinliği annenin özel vasiliği altında gelişen genç kızda etki yapar. Böylece, kendi payına normal kabul edilen durumda, nesne seçimi sırasında kesin bir etki yapan kendi cinsine karşı düşmanca bir tutum oluşturur. Erkek çocukların erkek cinsten kimselerce (eski çağlarda köleler) eğitilmesi, eşcinselliğin gelişmesini kolaylaştırmış gibi görünmektedir. Bugünkü soylular arasında dönüklüklerin çokluğu, soylu ailelerde daha çok erkek hizmetçilerin kullanılması ve annelerin, çocuklarının bakımına kendilerini daha az vermeleri olgusu dikkate alınırsa daha iyi açıklanır.

Bazı isteri durumlarında, cinsel nesne seçimini belirlemiş ve böylece sürekli bir dönüklük saptamış olan koşulların, kaynaklarının ana-babalarından birinin erkence kaybolması (ölmesi, eşinden ayrılması ya da çocuğun sevgisini yitirmesi) olgusunda bulundukları dikkati çeker, öyle ki çocuğun bütün sevgisi, ona kalmış olan kimseye taşınmıştır.

# DÖRDÜNCÜ BÖLÜM

## SONUÇ

Şimdi bütün bir tablo taslağı yapmamızın zamanı gelmiş gibi görünüyor. Cinsel dürtünün nesnesiyle ve amacıyla ilintili sapmalardan hareket ettik, şu soruyu ortaya attık: Sapmalar doğuştan mı yoksa sonradan edinilen bir eğilimden mi ileri geliyorlar? Bizim yanıt vermemize olanak sağlayan şeyler psikonevroza tutulmuş kalabalık bir grup oluşturan ve normal kişilerinkine oldukça yakın kimselerde gözlemlenmiş cinsel tutumdan çıkarmış olduğumuz bilgilerdir. Bu bilgileri psikanaliz yöntemi ile elde ettik. Böylece bu kategoriden kimselerde bütün sapıklıklarda bilinç-dışı güçler şekli altında, bütün bir dizi semptomları belirleyen ortak eğilimler bulunduğunu kanıtladık. Böylece nevrozun, sapıklığın negatifi olduğunu söyleyebildik. Sapıklığa karşı eğilimin ne denli sık rastlanan bir şey olduğunu öğrenerek kendimizi, sapıklığa yatkınlığın dinsel dürtünün genel, ilksel eğilimi olduğunu ve onun ancak gelişmesi boyunca çıkagelmiş organik değişikliklerle ve psikolojik yasaklamalar nedeniyle normalleştiğini kabul etmek zorunda gördük. O zaman ilksel eğilimi çocukta bulma umudunu kurduk. Cinsel dürtünün yöneltilmesini sınırlayan güçler arasında, her şeyden önce utanmayı, iğrenmeyi, acımayı ve toplumun koyduğu ortaklaşa ahlak kurallarım saydık. Böylece cinsel yasanım her sapması bize, saptandığı andan beri, bir gelişme yasaklamasının sonucu bir çocuksuluk belirtisi gibi görünüyordu. Temel eğilimdeki değişikliklerin pek büyük etkisi üzerinde direttik, onlarla yaşamın etkileri arasında karşıtlık değil, fakat işbirliği olduğunu tüm kabul ettik. Diğer yandan, temel eğilimin bir karmaşıklık karakterine sahip olduğunu kabul ettiğimizden, cinsel dürtü kendiliğinden bize sapıklık halinde ayrılıp dağılan bir bütün gibi görünüyordu. Öyle ki, dönüklükler ya yasaklamaların sonucu, ya da normal bir gelişme boyunca bir ayrışmanın sonucu olarak kendilerini gösterebiliyorlar. Bu iki anlayış, yetişkinlerin cinsel dürtüsünü çok sayıda hareketlerinin ve çocuk yaşamının itmelerinin, bir birlik kurmakta, yalnız ve tek bir amaca doğru yönelmiş bir eğilim kuracak biçimde oluştuğu varsayımında birleşmektedir.

Gene psikonevroz hallerinde sapık yatkınlıkların üstünlüğünü, hastalığın "içetıkma"nın etkisi ile başlıca ruhsal akışın yan yollara çevrilmesinden ileri geldiğini Öğretmekle açıklıyorduk. Sonra çocukluk sırasındaki cinsel yaşamı analiz ettik.[87] Çocukluğun cinsel dürtüsünün bilinmemek istemiş olmasını ve bu yaşta çok sık görülen cinsel gösterilerin anormal olaylar olarak tanımlanmasını yerinde bulmadık. Tersine, dünyaya gelen çocuk kendisiyle birlikte cinsel yaşam filizleri de getirir; emzirilme sırasında cinsel düzende bir tatmin duyar. Sonra pekiyi bilinen "emme" eyleminde onu aramaya çalışır gibi göründü bize... Çocuğun bu cinsel etkinliği öbür işlevleri gibi gelişmiyordu; ikinci yaştan beşinci yaşa giden kısa bir açılma döneminden sonra bir gizlilik dönemine giriyordu.

Bu çağ süresince, cinsel uyarılma üretimi kesilmez; sürer ve bir enerji yedeği sağlar ki bu büyük bölümüyle cinsel olmayan başka amaçlara doğru dönmüştür, yani toplumsal duyguların oluşmasına katılır, öte yandan sonradan işe yarayacak engeller yaratır. Kendini kabul ettiren sonuç şudur: Cinsel dürtüyü bazı doğrultularda tutmakla görevli kuvvetler, çocukluk süresinde, çoğunlukla, bir sapıklık karakterine sahip olan cinsel hareketlerin zararına gelişir, aynı zamanda eğitimin desteği ile oluşurlar. Böylece, çocuğun cinsel uyarılması çeşitli kaynaklardan türer gibi görünmektedir: Her şeyden önce erojen bölgeler uygun bir biçimde uyarıldıkları anda bir doyum doğururlar. Bütün olasılıklara göre, derinin bütün bölgelerine, her duyu organına ve belki de herhangi bir organa erojen bölge işlevi yaptırabilir, fakat, uyarılabilirliği daha başlangıçta bazı düzenlemelerle sağlanan ayrıcalıklı bölgeler vardır. Öte yandan cinsel uyarılma sanki birtakım iç süreçlerin yan ürünleri gibi doğar, yeter ki bunlar, daha çok kuvvetli heyecanlar söz konusu olduğunda, hatta bunlar üzücü nitelikte bile olsalar yeter bir yoğunluk derecesine erişsin. Bütün bu kaynaklardan gelen uyarılmalar henüz birleşmemekte, fakat her biri, ancak özel bir hazzın kazancını temsil eden ayrı bir amacı izlemektedir. Bu bizi çocukluktaki cinsel dürtünün **henüz merkezleşmemiş olduğunu**, önce nesnesiz, yani **otoerotik** olduğunu düşünmeye götürür.

Daha çocuklukta üreme aracında yer etmiş olan erojen bölge, bütün öbür erojen bölgeler gibi ya uygun uyarımlara doyum sağlayarak tepki gösterir ya da henüz pek anlaşılmayan bir mekanizmayla üreme bölgesi üzerine özel bir şekilde yansıyacak olan cinsel bir uyarımın aynı zamanda doğurduğu başka kaynaklardan ileri gelen bir doyumla tepki gösterir. Üreme bölgesinin etkinliği ile cinselliğin başka kaynaklarının etkinliği arasında kurulacak bağlantılar gibi, cinsel uyarılma ile cinsel doyum arasındaki bağlantıların kandırıcı bir açıklamasını vermenin bizim için mümkün olmadığını üzülerek açığa vurmak zorunda kaldık.

Nevroz bozukluklarını incelerken, çocuğun cinsel yaşamında, daha başlangıçtan beri, cinsel dürtü birleşenleri arasında bir organizasyon başlangıcı bulunduğunu gördük. Pek erken yerleşen bir ilk evrede, *ağır* erotizmi üstündür. İkinci bir "üreme öncesi" organizasyonun oluşması *sadîzm'in* ve *anüs erotizminin* egemenliği ile karakterize edilir. Ancak üçüncü evredeki çocukta, fallus evresinin üstünlüğü kazandığında gelişir. Cinsel yaşam asıl üreme bölgelerinin getirdiği yüklenimle belirlenir.

Sonra büyük sürprizimiz olarak, bu ilk çocuk cinselliğinin (iki yaştan beş yaşa) bir nesnenin seçimine götürdüğünü kanıtladık. Bu en değişik psişik etkinliklere eşlik etmektedir, öyle ki bu evre, dürtüsel birleşenlerin işbirliğinin eksikliğine ve cinsel amacın belirsizliğine karşın, kesin cinsel organizasyonun önemli bir öncüsü olarak kabul edilebilir.

Cinsel gelişmenin arka arka ya **iki itme** ile tamamlandığı olgusu, başka deyişle, gizlilik dönemi ile kesintiye uğraması bize özel bir dikkate değer gibi görünmüştür. Gerçekten, insanın daha yüksek bir uygarlığa doğru gelişmesine olanak veren koşullar hurdadır. Burada nevrozlara yatkınlıkların bir açıklamasını da buluyoruz. İnsanın gelişmesindeki bu özelliğin kaynaklarını bulmak için tarih öncesine çıkmak gerekir.

Çocuklukta normal kabul edilmesi gereken ve sonraki gelişmeye engel olmayan cinsel etkinliğin derecesinin ne olduğunu söyleyemeyiz. Çocuk cinselliği gösterilerinin özellikle mastürbasyonca bir karakter sunduğunu ortaya çıkardık. Sonra, deney üzerine dayanarak, ayartmanın dış etkilerinin gizlilik döneminde erken kesintiler doğurabildiğini, hatta onu ortadan kaldırabildiğini, o zaman çocuğun cinsel dürtüsünün çok-şekilli sapık olarak kendim gösterdiğini kanıtlamıştık. En sonunda, bu şekilde üremiş olan her erken cinsel etkinliğin çocuğun eğitimini daha güç kıldığım gördük.

Çocuk cinselliği üzerine bilgilerimizin kocaman boşluklar sunmasına karşın, erginliğin getirdiği değişiklikleri analiz etmeye giriştik. Bu değişikliklerin çoğunda şunları özellikle önemli kabul ettik: Kaynakları ne olursa olsun, bütün cinsel uyarımların üreme bölgelerinin üstünlüğüne bağlılığı; sonra, nesnenin bulunmasına yarayan süreç.

Bu iki olay daha çocuklukta bulunur. Cinsel uyarımların bağımlılığı, ilkel hazzı buraya kadar birbirinden bağımsız olan cinsel eylemler, yeni cinsel eylemi —üreme ürünlerinin dışarı atılması— hazırlayıcı hale gelebilecek şekilde kullanan bir mekanizma ile yapılır. Bu yeni eylemde haz en yüksek noktasına erişir ve uyarılma son bulur. Analizimizde, karşılıklı erkek ve kadın olarak cinsel varlığın birbirinden ayrılmasını dikkate almıştık ve kadını meydana getirmek için yeni bir içe tıkmanın gerekli olduğunu, bu içe tıkmayla kadının çocuksu erkekliğinin bir kısmının kaybolduğunu, onun yerine başka bir yönetici üreme bölgesi hazırlandığını bulmuştuk. Sonunda, cinsel nesne seçiminin çocuklukta yapılan ve erginlikte tekrar ele alınan taslaklarla, yani çocuğun ana-babasına ve çevresindeki kimselere duyduğu sevgilerle belirtildiğini kanıtlamıştık. Öte yandan, seçimin, zamanla en yakınlarla cinsel birleşmeye karşı kurulan engeller dolayısıyla bu kimselerden yüz çevirdiğini ve onlara benzeyen başkaları üzerine gittiğini gösterdik. Bitirmek için şunu da ekleyelim ki erginliğin geçici dönemi süresince, fizik ve psişik gelişme süreçleri, önce birbirinden bağımsız olarak yapılır, psişik karakterde üreme kısımlarının yenileşmesi üzerinde yansıyan yoğun bir sevgi 'hareketinin parlayışına kadar böyle gider, sonunda normal aşk yaşamının karakteristik birliği kurulur.

**Gelişmede Bozukluklara Neden Olabilen Etkenler**. — Bu uzun gelişmenin her basamağı bir saplanıra noktası olabilir; bu karışık birleşimin her eklenimi birçok örneklerin bize gösterdiği gibi cinsel dürtünün bir ayrışmasına yer verebilir. Bize, gelişmeyi bozmak gücünde olan çeşitli iç ve dış etkenleri saymak ve mekanizmanın hangi bölüm üzerine etki yaptıklarım söylemek kalıyor. Gene de şuna dikkat edelim ki, böyle bir sıralamada etkenlerin hepsi aynı önemde değildir ve onları tam değerleri ile değerlendirmek güçtür.

**Bünye ve Kalıtım.** — Büroda, başta, kesin bir önem taşıyabilen, fakat karakterleri sonraki gösterilerden hareket edilerek ancak kavranabilen ve kesin bir belirliliğe varamamış olduğumuz **cinsel yapılışlarının** doğuştan gelen **ayrımlarını** göstermek gerekir. Bu ayrımların şu ya da bu uyarım kaynağının bir üstünlüğü üzerine dayandığına inanıyoruz ve herhalde bunların, daha sonraki cinsel etkinlik içinde görünmekleri gerektiğini sanıyoruz, hatta bu etkinlik normal sınırlar içine alınmış bulunsalar bile. Bu elbette gereklilikle ve başka etkenler araya girmeksizin anormal bir cinsel yaşam yaratan ilksel yatkınlıkta değişmeler tasarımlanabilir demek değildir. Bu değişmeler "soysuzlaşma" adı altoda tanımlanacak ve bunlarda kalıtsal bir bozulmanın semptomları görülebilecektir. Bu konuda ilginç bir gözlemimi anlatacağım.

Ağır isteriler ve saplantılı nevrozlar v.b. için tedavi etmiş olduğum hastaların yarısında babanın tutulmuş olduğu ve evlenmeden önce tedavi ettirdiği bir firengi saptadım, babanın -**müzmin** hastalıklı ya da genel kötürüm olduğunu, *anam-nezle,* firengi bulunduğunu tespit ettim. Özellikle şu olay üzerinde duruyorum. Nevrozlu çocuklarda hiçbir firengi yarası izi yoktu, öyle ki cinsel karakterde anormallik, firengili bir kalıtınım son bir nedeni ola-

106

rak kabul edilmeliydi. Ve firengili ana - babadan gelme-
nin nevropatik bir bünyenin zorunlu ve düzenli etiyolojik
koşulu olduğunu söylememekle birlikte gözlemlediğim
bu uygunluğun rastlantı eseri olmadığına ve önemlerini
bunlara bağlamak gerektiğine inanıyorum.

Pozitif sapıklıklarla ilintili olan kalıtımsal koşullar pek
az bilinmektedir, çünkü bizim araştırma yollarımızdan
kaçmaktadırlar. Bununla birlikte, nevrozlarla sapıklık olay-
ları arasında benzerlik olduğunu varsaydıracak nedenler
vardır. Gerçekten, hayli sık olarak aynı ailede, iki cins
arasında şu şekilde bölünmüş olan sapıklık ve psikonev-
roz olaylarına rastlanır: Erkekler, en az birisi, pozitif bir
sapıklığa tutulmuştur, oysa kadınlar, kendi cinslerine öz-
gül içe tıkma eğilimi yüzünden, negatif bir sapıklık, iste-
ri gösterirler. Bu, o iki çeşit marazı bozukluklar arasında
ortaya çıkarmış olduğumuz temel bağlantılara başka bir
kanıttır.

**Sonraki Hazırlanma** — Bununla birlikte yalnız cinsel
bünyenin çeşitli unsurlarının işlemesinin cinselliğin ala-
cağı şekli belirleyeceğini sanmak yanılgı olur. Cinsellik,
dış etkilerce koşullanmış kalır ve sonraki çeşitli kaynak-
lardan ileri gelen cinsel akıntının uğradığı kadere göre
yeni olanaklar ortaya çıkar. Kesin Öğeyi oluşturan şey,
**sonraki hazırlanma**' dır. Aynı bünye üç olası bünyeye bö-
lünebilir:

**1)** Eğer bütün yatkınlıklar aralarında bağlarını korur-
larsa (ki bunu anormal olarak tanımlamıştık) ve olgun-
lukla kuvvetlenirlerse, çıkabilen tek sonuç sapık bir cinsel
yaşamdır. Böyle bünye bozukluklarının analizi henüz pek
ileri götürülememiştir, ama gene de bu tek varsayımla ko-
layca açıklanabilen olaylar tanıyoruz. Gene, bazı yazarlar
bütün bir dizi saplanım sapıklığının gerekli olarak cinsel

dürtünün doğuştan bir zayıflığım varsaydırır. Bu şekil altında, tez bana tutunabilir gibi görünmüyor. Fakat "bünye zayıflığı" terimi cinsel dürtünün bünye etkenlerinden birine, daha sonra, o zamana dek ayrık kalmış olan cinsel gösteriler, bir dünyaya çocuk getirme amacında işbirliği yaptırma görevi düşmesi gereken üreme bölgesine uygulandığı an verimlidir. Çünkü bu durumda erginlik sırasında yapılması gereken tüme katılma başarılamaz; bu, sapıklık şekli altında ön değer kazanacak olan başka cinsel unsurların en kuvvetlileri olacaktır.[88]

**İçe tıkma — 2)** Eğer gelişme boyunca aşırı kabul edeceğimiz bazı unsurlar asla unutmayacağımız bir yitme değerinde olmayan bir **içe tıkma**ya *uğraşırlarsa* tamamen değişik bir sonuca varılır. Uyarılmalar önceki gibi üremiş, fakat psişik bir yasaklama ile amaçlarından dönmüşler ve marazi semptomlar şekli altında dışarı vuracakları ana dek başka yollara yönelmişlerdir.

Bundan normal, çok zaman küçülmüş ve tamamlayıcı olarak psikonevrozları olan normal bir yaşam çıkabilir. Bunlar tamamı tamamına, nevrozlular üzerinde yaptığımız psikanalitik gözlemlerle, yakından görüp tanıdığımız durumlardır. Cinsel yaşam sapıklarınki gibi başlamıştır, çocukluğun bütün 'bir bölümü sapık bir cinsel etkinlikle dolmuştur ki bu bazen erginlik ötesine bile yayılmıştır. Sonra iç nedenler yüzünden genellikle erginlikten önce, fakat bazen ondan sonra da içe tıkmalar yüzünden bir değişiklik olur ve o zamandan beri eski eğilimler Bilinmeksizin nevroz, sapıklığın yerini alır. Bu bize şu atasözünü anımsatır: Gençken günahkâr, yaşlılığında sofu. Fakat, bu durumda gençlik pek kısa sürmüştür! Kişinin yaşamında nevrozun sapıklığın yerini alması, sapıklık ve nevroz hallerinin aynı aile içinde dağılması bütün bu nevrozun sapıklığın negatifini oluşturduğu olgusuna bağlanmalıdır.

**Yüceltme — 3)** Anormal bir bünye hâlinde, *yüceltme* süreci ile üçüncü bir çıkış yolu olabilir. Cinselliğin çeşitli kaynaklarından akıp gelen aşırı uyarılmalar başka alanlara sapma ve oralarda kullanılma bulurlar. Öyle ki başlangıçta tehlikeli yatkınlıklar psişik etkinliklerde ve yetkinliklerde değer verilir bir artma üretirler. Sanat üretiminin kaynaklarından biri budur ve sanatçı olarak o denli verimli kişinin karakterinin analizi, yaratma ile sapıklık ve nevroz arasında, yüceltmenin tam ya da eksik olmuş olmasına göre değişik bağlantılar gösterecektir. **Tepkisel oluşlar** tarafından baskı —görmüş olduğumuz gibi koşullar uygun olursa bütün yaşam boyunca sürmek için daha gizlilik döneminden beri kendini duyurmaya başlar— bir tür yüceltme gibi kabul edilmelidir gibi görünüyor. "Karakter" dediğimiz, büyük bölümüyle cin-

Sel uyarılmaların gerecinden kurulmuştur ve çocukluktan beri saptanmış dürtülerden, yüceltme ile edinilmiş temellerden ve kullanılamaz olarak tanınmış sapık hareketleri bastırmakla görevli başka tepkilerden oluşur.[89]

Böylece çocuğun cinsel yatkınlığının, tepkisel oluşlarla, erdemlerimizin çoğunu yarattığı söylenebilir.[90]

**Dıştan Gelen Deneyler —** Cinsel itmeler, içe tıkmalar ve yüceltmeler (son ikisinin iç mekanizmalarını hiç bilmiyoruz) gibi saymış olduğumuz süreçler karşısında bütün öbür etkiler ikinci derecede bir Önemdedirler. İçe tıkmalar ve yüceltmeler kişinin bünye yatkınlıklarının bir bölümü, hatta onun gösterileri olarak kabul edilirse, cinsel yaşamın almış olduğu kesin biçim her şeyden önce doğuştan gelen bir bünyenin sonucudur denilebilir. Fakat ancak şu gösterilebilir ki, çeşitli etkenlerin işbirliği tümüyle kabul edilerek, hiç değilse, ya çocukluk sırasında, ya ileri bir yaşta rastlantı deneylerden ileri gelen bir takım etkilere yer vermek gerekir. Bünye etkenleri ile dıştan gelen etkenlerin orantılı önemlerini değerlendirmek kolay değildir. Kuramsal bakımdan, daima birincilere fazla değer vermeye gidilecektir, oysa terapötik pratiğinde ikincilerin önemi daha büyük olacaktır. Ne olursa olsun, her iki dizi etken arasında çatışma değil, işbirliği olduğunu unutmamak gerekir. Bünye etkeninin değerlendirilmek için yaşanmış deneylere gereksinimi vardır. Dıştan gelen etken ancak bir bünye üzerine dayalı olarak hareket edebilir. Birçok durumda, bir "tamamlayıcı dizi" tasarlanabilir ki, bunda etkenlerden birinin eksilen şiddeti öbürünün artan şiddeti ile dengelenebilir; ama bu dizinin iki ucunda karşıt hallerin varlığını yadsımak için ancak bahane olarak kullanılabilir.

Dıştan gelen etkenler alanında ilk çocukluğun deneylerine psikanaliz üstün bir yer verir. Etiyolojik dizi, biri **yatkınlıklar** serisi ve öteki **kesin seri** olmak üzere ikiye bölünür. Bu dizilerden birincisinde bünyenin ve çocuklukta gerçekleşmiş

Deneylerin bağlaşık bir işlemesi olur; aynı şekilde, ikinci dizide ön yatkınlıkların işleyişi ile sonraki travmatizmci deneylerinki birleşirler. Cinsel gelişmeye uygun olmayan bütün koşulların bir **geriye-dönüş,** yani gelişmeden önceki evreye bir dönüş doğurma, etkisi vardır.

Cinsel gelişme üzerine etki yapan etkenlerin sayılmasına dönelim.

**Erken oluş** —Önemli etkenler arasında, nevrozların etiyolojisinde değişmez biçimde bulunan tek basma marazi sürecin yeter nedeni olmamasına karşın (başka her etkenden fazla değil) kendi kendine cinsel **erken oluş**u sayalım; o çocuk gizliliği döneminin bir kesintisi, bir kısaltılması ya da ortadan kaldırılması ile kendini gösterir

110

ve gerekli olarak sapıklık karakterinde cinsel gösteriler türeterek bozukluklara fırsat verir; bu, bir yandan cinsel yasaklamaların zayıfça gelişmesi, öte yandan üreme sisteminin henüz ilkel halde olu-şundandır. Bu sapıklığa yatkınlıklar öylece kalabilir, ya da önceden bir içe tıkma ile nevrozlara yatkınlık hazırlarlar.

Bütün hallerde, cinsel erken oluş sonuç olarak, daha ileri yaşta üstün psişik dayatmalarla cinsel dürtüye istenilen egemenliği vermeyi daha güç kılar: Cinsel dürtünün psişik gösterilerine bağlı karakteri daha da artıracaktır. Erken cinsel oluş, çok zaman erken zekâ oluşu ile birlikte görülür ve pek seçkin kişilerin çocukluklarında rastlanır. Bu halde, ayrık olduğu zamanki derecede patojen görünmez.

**Zaman etkeni** — Erken oluşla aynı değerde olan **zaman etkeni** son derece özel bir dikkat ister. Filojenez düzeni saplanabilmiştir. Burada çeşitli dürtüler faaliyete geçerler ve yeni bir dürtünün etkisi altında yada karakterize bir içe tıkma yüzünden kaybolmadan önce, gösterilerinin süresini belirlerler. Bununla birlikte bu dürtülerin süresinde olduğu kadar, birbirini kovalamasamda da son sonuç bakımından kesin bir önem taşıyabilen değişiklikler varmış gibi görünür. Karşıt akımından er-geç bir akımın ortaya çıkması ilgisiz bir olay değildir; çünkü bir içe tıkmanın etkisi yok edilemez. Eğer cinsel dürtünün unsurlarının ortaya çıkış sırası değişirse, bundan dolayı sonuç değişir. Öte yandan birinci plana gelebilen dürtülerin kayboluşları şaşırtıcı bir hızlılıkta olabilir. Geleceğin açık eşcinsellerin heteroseksüel ilişkileri gibi... Patlayışların şiddetli karakteri ne olursa ol-sun, çocuğun eğilimleri, onların sürekli bir şekilde yetişkinin karakterine egemen olması korkusunu doğrulamazlar. Karşıt eğilimlere yer bırakmak için, onların silinmeleri pekâlâ beklenebilir (Despotlar uzun zaman egemen kalamazlar). Gelişme sürecinde zaman karışıklıklarını doğuran nedenler bizden büsbütün kaçmaktadırlar. Ancak uzaktan şöyle böyle bir grup biyolojik ve belki tarihsel sorunlar görebiliyoruz, ama onlara saldırmak için henüz yeterince yaklaşamıyoruz.

**Diretme,** — Bütün cinsel erken oluşların önemi bizce kaynağı bilinmeyen ve ancak büsbütün geçici bir şekilde kestirdiğimiz bir psişik etken ile artar. Cinsel yaşamın izlenimleri diretme ya da **saplanım yeteneği**'ne sahiptir; bu, klinik tablosunda hesaba katılması gereken, geleceğin nevrozlularında ya da sapıklarda bulunan karakterlerdir. Gerçekten, aynı erken cinsel oluşlar, başka özneler üzerinde, onları araştırıcı bir yinelemeye zorlamak ve onların dürtülerine ömür boyunca bir doğrultu vermek için yeterince etki yapmazlar. Belki bu diretmenin karakterini bize açıklayan nedenlerden biri psikolojik bir olguda bulunur ki onlar olmaksızın nevrozların doğuş nedenleri değerlendirilemezdi. Bu olgu, eski anıların yeni anılara oranla bir üstünlük taşımasıdır. Bu psikolojik olgu, elbette zekâ gelişmesine bağlıdır ve kişinin daha kültürlü olduğu ölçüde bir önem kazanır. Vahşilerden söz ederken onların "anın mutsuz çocukları"[91] oldukları söylenmiştir. Uygarlıkla cinselliğin özgür gelişmesi arasında karşıt bir bağlantı, etkileri uzun zaman sonra yaşamımızın alacağı şekilde izlenebilecek bir bağlantı bulunduğundan aşağı uygarlıklarda çocuğun cinsel yaşamının gelişmesi az ilgi sunduğu halde, ilerlemiş uygarlıklarda bunun nasıl geliştiğini öğrenmek büyük önem taşımaktadır.

**Saplanım** — Saydığımız psişik etkenlerin yaptıkları elverişli etki, çocuk cinselliği zamanı süresince dıştan gelen kışkırtmalarla güçlenir. Bunlar (ilk planda başka çocuklar ya da yetişkinler tarafından ayartma) yukarda sayılmış olan psişik öğelerin yardımı ile saptanabilen ve bundan patolojik dahi olabilen cinsel durumlar yaratırlar. Nevrozlu ya da sapık yetişkinlerde göze çarpabilen cinsel sapıtmaların büyük bir bölümü çocuklukta uğranılan sözde cinsel olmayan etkilerden ileri gelir. Nedenler arasında bünyeyi, erken oluşu, diretmenin bir artmasını ve son olarak dış etkiler tarafından cinsel dürtünün rastlantı olarak uyarılmasını saymak gerekir.

Kitabımızı bitirirken, üzülerek şunu itiraf etmek zorundayız: Cinsel yaşamın bozuklukları üzerindeki araştırmalarımız, aslında konunun temelini oluşturan biyolojik süreç karşısında bilgilerimizin yetersizliğini göstermektedirler. Demek ki farklı görüşlerimize rağmen, cinselliğin normal ve patolojik karakterlerini yeterince açıklayabilecek yetkinliğe sahip bir kuram kuramıyoruz,

*- SON-*

# DİP NOTLAR

## BİRİNCİ BÖLÜM

1. "S. Nachansohn"a bakınız. *Théorie de la Libido de Freud comparée â la theorie de I'Eros dans Platon. Internationale Zeitschrift für Psychoanalyse,* III, 1915.

2. Bu kitabın birinci bölümündeki belirtmeler Kraft -Ebing, Moll, Moebius, Havelock Ellis, V. Schrenck - Notzing, Loewenfeld, Eulenfourg, I. Bloch, M. HBrschfeld'in pek tanınmış yazıları ve bu sonuncu tarafından, kendisinin çıkardığı *Jahrbuch für sexuelle Ztvischenstufen* de yayımlanmış olan makaleleri üzerine dayanmaktadır. Konumuzun bibliyografyası, saydığımız bu yazılarda bulunacaktır. İşte bunun için daha ayrıntılı bir bibliyografya vermeyi gereksiz bulduk.

Dönüklerin psikanalitik gözlemi ile alınmış sonuçlar M. Saldger'in raporuna ve benim kendi yaptığım deneye dayanmaktadır.

Tek terim: "haz" (Almancası: Lust) ne yazık ki duyuyu belirttiği gibi gereksinimin doyumunu da belirtmektedir.

3. Saydığımız güçlükler ve dönüklükle normaller arasında oran kurmak için yaptığımız çeşitli girişimler konusunda B. Hirschfeld'in *Jdhrbuch für semelle Ztvischenstufen* (1904 deki yazısına bakınız.

4. Dönüklüğe karşı bu direnme telkinle ya psikanalizle teda-
vide elverişli koşullar sağlayabilir.

5. Birçok yazar pek haklı olarak dönüklerin, dönüklüğün
göründüğü anla ilintili otobiyografik belirtmelerine güvenile-
meyeceğini söylemişlerdir, çünkü dönüklerin heteroseksüel
tutumlarından yana konuşacak olan olayları belleklerinden dı-
şarı çıkarmış (bastırmış) olmaları her zaman olasıdır.

Psikanaliz bu kuşkunun, hiç değilse düzene koyabildiği hal-
ler için kurulmuş olduğunu kanıtlamış ve çocuk amnezisinden
ileri gelen boşlukları doldurarak onların anımsanmasını kesin
bir şekilde değiştirmiştir.

7. Bir soysuzlaşmanın teşhisi yapıldığında ne gibi ön-
lemler almak gerektiğini ve pratikte ne kadar az önemi ol-
duğunu göstermek için Moebius'ten şu parçayı aktaracağız:
(*Ueber Entartung, Greıvzjragen der Nervenund Seelenlebens*,
3.1900) : "Soysuzlaşma denilmesi uygun görülmüş olan, an-
cak burada bazı pırıltılarla aydınlatmış olduğumuz geniş olay-
lar alanı üzerine toplu bir göz atılırsa, bir soysuzlaşma
tanısına pek az değer vermek gerektiği görülecektir."

8. Ünlü adamlardan kimilerinin dönük ve belki de tam dö-
nük olduğu "üranizm" savunucularınca açıklanmıştır.

9. Dönüklük anlayışında patolojik görüşle antropolopik gö-
rüş arasında ayrılık vardır. Bu ayrılığı kurmuş olan I. Bloch'tur
(*Beitraege zur Aitilogie der Psychopathia sexualis*, 1902 — 1903).
Eski çağın uygar ulusları arasında dönüklüğün tüm önemini
göstermiş olan da odur.

10. Bedensel erdişilik için şu son ayrıntılı anlatımlara ba-
kınız: Taruffi, *Hermaphodisme et Impuissance*, ve Neuger-bauer'in
*Jahrbuch für sezuelle Zwischenstufen'*nin birçok ciltlerindeki yazı-
ları.

11. J. Halban. *Die Entstehung der Geschlechtscharaktere Archive jür Gynaekologie.* Cilt LXX, 1903. Burada adı geçen bibliyograf yaya da bakınız.

12. Dönüklüğü açıklamak için çift cinslilik halini ele almış olan ilk yazar *(Jahrbuch für sexuelle Zwischenstufen m* altıncı cildindeki bir nota göre) E. Gley'dir. Bunu 1884 Ocağının *Reme Philösophique"*inde çıkmış olan *les Aberratkm de I'insünct sezuel* adlı yazısında ortaya koymuştur. Zaten dönüklüğü çift cinsellik ile açıklamak isteyen yazarlarını, çift cinsliliğin yalnız dönüklerde değil, normal hale gelmiş olanlarda da oynadığı rol üzerinde diretmeleri ve dönüklüğü ge-üşmedeki bir bozukluğun sonucu olarak kabul etmelerini görmek ilgi çekicidir. Bu şekilde Chevalier *(İnversion sezuelle,* 1893)- ve Kraft-Ebing *(Zur Erklaerung des Kontraeren Sexu- alempfindung Jahrbûcher für Psychiatrie und^ Neurologie,* cilt XIII) bir sürü gözlemin "Öbür merkezin (yerini alan cinsin merkezi) hiç değilse içerik halinde yar olmayı sürdürdüğünü kanıtladığını anlatmaktadırlar. Dr. Arduin *(Die Fra~ uenfrage und die sexuellen Zmisehenstufen, Jahrbuch für sexuelle Zmischentufen,* cilt n, 1900) şunu ileri sürüyor: Her insanda, heteroseksüeller sözkonusu olduğunda, 'kişinin cinsinin tersine gelişmiş olan erkeklik ve dişilik öğeleri bulunur...»* (Hirschfeld'e de bakınız: *Die ubjektive Diagnose der tîomo-sexualitaet, Jahrbuch für sezuelle Zmisehenstufen,* cilt I, 1899, sayfa 8 ve devamı.). G. Herman *(Genesis, das Gesetz der Zeugung,* cilt IX, *Libido und Mania,* 1903) şöyle demektedir: "Her kadının içinde erkeklik filizleri ve karakteri ve tersine olarak, her erkekte kadınlık filizleri ve karakteri vardır. 1906'da W. Fliess *(Der Ablauf des Lebens)* herkese uygulanabilecek biçimde çift cinslilik fikrinin sahipliğini üzerine almıştır. Uzman-olmayanlar arasında beşerî çift cinslilik kavramının, bu fikir temeli üzerine hayli düşüncesiz bir yapıt yazmış olan, genç yaşta ölmüş filozof 0. Weininger tarafından kurulduğu kabul edilmektedir. *(Geschlecht und Cha-rakter,* 1903).

13. Eğer psikanaliz buraya kadar dönüklüğün kaynaklarım aydınlatamamışsa, hiç değilse doğmasının psişik mekanizmasını ortaya çıkarabilmiş ve sorunu yeni görünüşleri alfanda sunabilmiştir. Gözlemlenmiş bütün olaylarda daha sonra dönük olacakların, çocukluklarının, ilk yıllarında, cinsel dürtünün yoğun bir şekilde kadın üzerine takılıp kaldığı, (çok zaman anne üzerine) kısa süreli bir evreden geçtiği, ve bu aşamayı geçtikten sonra kadına benzedikleri ve kendi cinsel nesneleri haline geldikleri, yani narsisizmden hareket ederek kendilerine benzeyen gençler aradıkları, annelerinin kendilerini sevdiği gibi onları sevmek istediklerim ortaya çıkarabildik. Yine sözde dönüklerin kadının sevimliliğine karşı hiç de duygusuz olmadıklarını, fakat öbür cins tarafından doğurudan uyarılmayı erkek bir nesne üzerine aktardıklarını sık sık gördük. Böylece yaşamları boyunca, dönüklüklerinin başlangıcındaki mekanizmayı yinelemekten başka bir şey yapmıyorlardı. Onları erkeğe doğru iten zorlama, kadınlardan sürekli bir kaçışla koşullanmıştı.

Psikanaliz eşcinsellerin başka kişilerden kendilerini ayırabilecek karakterlere sahip bir grup oluşturdukları kabulünü kesinlikle reddeder. Tümüyle cinsel olan uyarımlardan başka uyarımları da inceleyerek, bütün kişilerin, ne olursa olsunlar, aynı cinsten bir nesne seçme gücünde olduklarım ve hepsinin bu seçimi bilinç-dışında yapmış olduklarını ortaya çıkarabilmiştir. Hatta şu da söylenebilir ki, aynı cinsten kimselere bağlanan erotik duygular normal psişik yaşamda başka cinse bağlanan duygular kadar önemli bir rol oynamaktadır ve marazi hallerin nedenlerinin bulunmasında değerleri daha da büyüktür. Psikanaliz için, nesnenin cinsine bağlı olmayarak ulusların çocukluğunda olduğu kadar insanın çocukluğunda da bulunduğu gibi eril ve dişil nesnelere eşit bağlanma olan nesne seçimi, ilkel halde görünür ve ancak kâh bir yönde, kâh öbür yönde uğradığı kısıtlanmalarla bu hal, normal cinsellik ya da dönüklük

117

halinde gelişir. Bundan dolayı, psikanaliz için, erkeğin kadına karşı münhasır ilgisi doğal yolda giden ve kimyasal düzende bir tür çekini haline getirilen bir şey değildir, fakat aydınlanması gereken bir sorundur. Ancak erginlikten sonra cinsel tutum kesin bir şekil alır ve o zaman araya giren kesinlik kısmen kişinin bünyesinden, kısmen de, tamamı henüz bizden kaçan dıştan gelen nedenlerden türeyen bir dizi etkenin sonucudur. Elbette bu etkenlerin, sonucu bu ya da şu yönde belirleyen öyle bir önem kazanması olasıdır. Fakat genel olarak, belirleyici etkenlerin çeşitlerinin cinsel tutumların değişikliklerinde yansıdığım kabul etmek gerekir. Dönüklükte daima arkaik yatkınlık öğelerinin ve ilkel psişik mekanizmaların üstünlüğü görülür. **Narsistik nesne seçimi ve anüs bölgesinde saklanmış erotik önem** dönüklük tiplerinin en temel karakterleri gibi görünmektedirler. Gelgelelim, aşırı dönüklük hallerini öbürlerinden ayırmak için bu tür bünye özelliklerine dayanmakta hiçbir yatar yoktur. Çünkü, aşırılarda gözlemlenen karakterler daha az bir derece ile geçiş hallerinde hatta büsbütün normal kimselerde de bulunabilir.

Dönük tipleri niteliklerince değişir, fakat analiz bize onları koşullayan ayrımların ancak nicelikle değişebildiğim kanıtlamaktadır. Nesne seçimini belirleyen rasgele etkiler arasında pek özel bir şekilde çocuğun hakkının elinden alınmasını (yani, erken bir cinsel korkutma) bulduk ve dikkatimiz ana-babanın varlığının önemli bir rol oynadığı olgusu tarafından çekildi. Gerçekten, çocuklukta enerjik bir babanın yokluğu çoğu zaman dönüklüğü kolaylaştırmaktadır. Son olarak, cinsel nesne ile öznedeki cinsel erdişilik karakterlerinin varlığı arasında hiçbir bağlantı kurmamak gerekir, çünkü her iki olay arasında kararlı bir ilinti yoktur.

Zor *Nosologie der maenn-.ichen Homosexuütaet (Homo erotik) (İnt. Zeitschrijt für P'sychoanalyse, TL, 1914)* adlı denemesinde Ferenczi dönüklük sorunu konusunda bir seri önemli görüşler kurmuştur. Ferenczi, "eşcinsellik" teriminin çok aşırı derecede kullanılmasına karşı dikilmekte haklıdır, (kendisi onun yerine daha uygun olan "homoerotizm" teri mini koyuyor); çünkü organik bakımdan olduğu kadar psişik bakımdan da pek değişik bir değeri, fakat hepsinin ortaklaşa dönüklük, karakteri olan bir seri durumları bu eşcinsel teri mi içine alınmaktadır. Ferenzci hiç değilse iki tip ayrılmasını istiyor: Kendini kadın hisseden ve öyle davranan *nesnel Homoerotik* ve öte yandan, bütün erkek karakterleri sunan dişi nesneyi eril nesne ile değiştirmekten başka bir şey yap mayan *öznel homoerotik*. Birincisinde, Magnus Hirsehfeld'in anladığı yönde hakiki bir "ara cins" görüyor; bize pek mutla görünmeyen bir terim kullanarak, ikincisini saplantılı nevroza tutulmuş bir hasta kabul ediyor. Yalnız nesnel homoerotik tipinin dönüklüğe eğilimlere direnç gösterdiğini ve psişik bir tedaviye tepki gösterme şansına biraz sahip olduğunu ekli yor. Fakat bu iki tipin gerçekten var olduğunu tümüyle ka bul ederek çok sayıda kimsede belli bir öznel homoerotizm derecesinin bir nesnel homoerotizm payına katılmış olarak bulunduğunu ekleme imkânı vardır. -

Bu son zamanlarda biyolojik çalışmalar (ilk planda Eugen Steinach'inkiler) ve homoerotizmin organik koşulları üzerine olduğu gibi genellikle cinsel ikinci derecede karakterler üzerine ışık tutmaktadır.

Öbür cinsin bezlerinin aşılanmasının izlediği bir hadımlaştırma sayesinde, deney yoluyla memelilerin çeşitli türlerinde erkekleri dişiye ve dişileri erkeğe çevirme başarılmıştır. Bu şekilde yapılan değiştirme bedenin; cinsel karakterlerinde psikoseksüel tutumda (nesnel ya da öznel erotizm) az ya da çok tam olarak kendini göstermektedir. Bu cinsel değişmeyi belirleyen elken üreme hücrelerini oluşturan bezin değil, fakat organın ara dokusunu oluşturan (erginlik bezi) olur.

Bir halde, husye veremine tutulmuş bir erkekte cinsel bir değişme yapma başarılmıştır. Adam o zamana dek edilgin eşcinsel olarak, kadın olarak davranmıştı ve onda ilerlemiş ikinci derecede kadın karakterleri bulunuyordu, (memelerde, kalçalarda v.s.'de fazla yağ birikmesi). Kriptik bir husye aşılandıktan sonra, erkek gibi davranmış ve libidosunu normal bir şekilde kadına doğru yöneltmeye başlamıştır. Aynı zamanda bedenindeki kadın karakterleri yok olmuşlardır. (A. Lipschüte. *Die Pübertaetsdrüse und ikre Wirkungen,* Bern, 1919).

Bununla birlikte bu ilgi çekici deneylerden dönüklük öğretisine yeni bir temel beklemek haksızlık olur ve genellikle eşcinselliğin bir "iyileşme"sine varmak için yeni bir yol gösterebildiğine inanmak henüz erken sayılır.

Fless deneylerinin üstün hayvanlarda çift cinsliliğe genel bir yatkınlık kuran öğretiyi bozmadığını söylemekte haklıdır. Bu tür deneyleri izleyerek çift cinslilik varsayımının bir doğrulanmasına varılacağı bize daha çok akla yakın gibi görünüyor.

Bizim erotik yaşamımızla eski çağlarınki arasında en karakteristik ayrılık şundan ibarettir: Eski çağlarda vurgu, dürtü üzerine konulmaktaydı, oysa biz nesne üzerine koyuyoruz. Eski çağlar süresince, dürtü yükseltiliyordu ve bu dürtü nesneyi, nesne ne kadar az değerde olursa olsun büyültüyordu; oysa yeniçağlarda cinsel etkinliğin kendisini küçümsüyoruz ve ancak nesnesinde bulduğumuz nitelikler dolayısıyla onu bağışlıyoruz.

14. Burada ipnotize edilenin, ipnotize eden karşısında inanılmaz boyun eğişini anımsatmaktan kendimi alamıyorum, bu bana ipnozun niteliğinin ipnotize edenin kişideki libidonun bilinç dışı saplanımından ibaret olduğunu sandırmaktadır (cinsel dürtünün mazoşist etkeni sayesinde).

S. Ferenczi telkine kolay kapılabilme ile "ana-baba kompleksi" arasında bağlantılar kurabildiğini sanmıştır. *(Jahr-hüch für psychaanalytısche und psychopathologische For~schumgen, I, 1909).*

Bununla birlikte cinsel fazla değer vermenin nesne seçimi sırasında değişmez şekilde ortaya çıkmadığına dikkat edilmelidir; daha sonra bedenin öbür bölümlerinin cinsel rolünün daha doğrudan doğruya başka bir açıklanmasını öğreneceğiz. Cinsel ilginin üreme organlarından başka bölümler üzerine yayılmasını açıklamak için Hoche ve I. Bloch'un ileri sürdüğü "uyarılma iştahı" kavramı, yazarlarının verdiği kadar önem taşır gibi görünmüyor bana. Libidonun girdiği çeşitli yollar aralarında birleşik kaplarınkine benzetilebilen bağlantılar sunmaktadırlar ve yan akıntılar! Da hesaba katmak gerekir.

16. Kadının karakterize durumlarda erkeği bir "fazla cinsel değer verme"nin nesnesi yapmadığı görülebilir; fakat bu fazla değer vermenin kendi çocuğu üzerine taşınmaması pek enderdir.

17. Bu zayıflık bünyenin bir ön yatkınlığına karşılık verir. Psikanaliz zamansız bir cinsel korkutmada, kişiyi normal cinsel amaçtan uzaklaştıran ve ona, amacın yerini alacak şeyler aratan dıştan gelen bir neden bulmuştur.

18. Psikanaliz incelemeyi daha derine götürerek Binet'nin söylediğini eleştirme olanağı vermiştir. Bu alanda yapılmış bütün gözlemler, ilk defa rastlandığı zaman fetişin, birlikte bulunan koşullar bu olayın nasıl olduğunu bize anlatamadan, çoktan cinsel ilgiyi çekmeyi bildiğini ortaya çıkarmıştır. Öte yandan, bütün erken olan cinsel izlenimler, söz konusu kimsenin beşinci ya da altıncı yaşından yukarı, çıkmamaktadır ve psikanaliz, yeni marazi saplanmaların o kadar geç gerçekleşebileceğinden kuşkulanmaya izin vermiştir. Olguların gözlemi bize gösteriyor ki, bir fetişin ortaya çıkışı ile ilgili ilk anının

arkasında, bir «anı - ekran» gibi ya da ancak bir kalıntı, sanki bir tortu olarak fetiş tarafından temsil edilen aşılmış ve unutulmuş bir cinsel gelişme evresi bulunmaktadır. Fetişin kendisinin seçilmesi gibi çocukluğun ilk yıllarına rastlayan bu fetişizme doğru evrim, çocuğun bünyesi tarafından belirlenmiştir.

20. Bu düşünceler düzeninde, ayakkabı ya da terlik kadının cinsel organlarının sembolü olurlar.

21. Psikanaliz, fetiş seçiminde içe tıkılmış dışkı kokuları sevgisi tarafından oynanan rolü kanıtlayarak fetişizm kuramındaki bir boşluğu doldurmayı başarmıştır. Ayaklar ve saçlar kuvvetli bir koku çıkarırlar. Hoş olmayan bir hale gelmiş koku alma duyularından vazgeçilince bunlar fetiş değerine yükselirler. Ayak fetişizminde her zaman kirli ve kötü kokan ayaklar cinsel nesne olurlar. Ayağa bağlanan fetişist tercih, böylece çocuk cinselliği kuramlarında da bir açıklama bulabilir (daha ileri bakınız). Ayak penisin yerini alır, çünkü bunun kadında bulunmayışı çocuk tarafından güçlükle kabul edilir.

Bazı ayak fetişizmi hallerinde, başlangıçta üreme organlarını, arayan, yolda yasaklar ve içe tıkmalarla durdurulmuş olan **görme dürtüsü'nün** ayak ya da pabuç üzerinde kaldığı, bundan dolayı onların fetiş 'haline geldiği ortaya çıkarılabilmiştir. O zaman kadının üreme organı, çocuğun kurduğu düşünceye uygun olarak erkek organı şekli alıyordu.

22. "Güzellik" kavramının kökünü cinse uyarılma alanın da aramak gerektiği ve bu sözcüğün, aslında cinsel bakım dan uyarıcı olan bir şeyi anlatmak için kullanıldığı fikri bana tartışılmaz gibi geliyor. Görünmeleri en kuvvetli cinsel uyarılmayı belirleyen üreme organlarının kendilerinin hiçbir zaman güzel olarak kabul edilmemeleri olgusu bununla ilintilidir.

23. Psikanaliz, başka birçoklarında olduğu gibi bu sapıklıkta bir sürü beklenmedik motif ve anlam bulur. Örneğin teşhirci-

lik büyük ölçüde hadımlaştırılma kompleksine bağlıdır. Bunda erkek üreme organının bütünlüğünün yenilenen bir fikri ve erkek çocuk tarafından, kadının cinsel aracında bu organın eksik oluşu fikriyle duyulan çocukça memnunluk bulunur.

24. Sonradan, psişik aracın dokusu ve burada işleyen büyük dürtü tiplerini içine alan bazı varsayımlara dayanarak mazoşizm üzerindeki görüşümü hayli değiştirdim. Bir ilk —**şehvet uyandırıcı**— mazoşizmin varlığını tanımakla başlamıştım. Bundan daha sonra şu iki öbür şekil gelişiyordu: **Dişil** mazoşizm ve **moral** mazoşizm. Yaşamda kullanılmamış olan sadizmin, öz varlığına geri dönmesi, ilk mazoşizme gelip eklenen **ikinci derecede** bir mazoşizmin başlangıcıdır. (Bak. *Le probleme economique du masochisme* başlıklı yazım, 1924).

25. Cinsel gelişmenin üreme öncesi evresi üzerine daha sonra yapılmış gözlemlere bakınız. Bunlarda bu görüşün doğrulanması bulunacaktır.

26. Son olarak saydığı araştırmalar, tutkusal kaynağı nedeniyle sadizm-mazoşizm karşı£ çiftine müstesna bir yer vermeye ve böylece onu başka "sapıklıklar" serisinden ayırmaya götürmektedir.

27. Burada kanıt olarak Havelock Ellis'in kitabından çıkarılmış şu parçayı vermek bana yeter *(Psychologie sexuelle,* 1903)* : "Bildiğimiz bütün sadizm ve mazoşizm olayları, Krafft - Ebing'in anlattıkları bile, aynı bireyde olayın iki kategorisini bize buldurmaktadır (Colin, Scott ve Fere'nin uzun süredir kanıtladığı gibi)".

28. Daha ilerde "eşit değerlilik" konusunda söyleyeceklerimize bakınız.

29. Diğer taraftan, iğrenme, utanma ve ahlak gibi cinsel gelişmenin önüne set çeken güçleri de insanlığın ruh yapısının oluşumunda cinsel dürtünün kendini sık sık kabul ettirdiği dış yasaklamaların tarihsel yığıntısı (çökeltisi) olanak kabul etmek

gerekir. Bu yasaklamaların yansıması, eğitim ve başka dış etkenler onu kışkırttığı zaman kişinin gelişmesi üzerinde kendi kendine duyulur.

30. Sapıklıkların doğuşunun incelenmesi konusunda bir ön yorum da bulunmak isterdim: Normal cinsel gelişmenin bir başlangıcının saplanmalarından önce gelebilmiş olduğunu kabul etmekte (bunu fetişizm olgusunda kanıtlayabildik) insan haklıdır. Psikanaliz buraya kadar, sapıklığın Oidipos kompleksinin doğru bir gelişmenin tortusu olduğunu bazı hallerle gösterebilmiştir; bu kompleksin içe tıkılmasından sonra bünyeye göre cinsel dürtüde en önemli olan unsur değeri kazanacaktır.

31. Şimdi söylemiş olduğumu çürütmek için değil, yalnızca tamamlamak için şunu ileri sürüyorum: Nevroz semptomları bir yandan libido dürtülerinin istekleri üzerine öte yandan onlara bir tepki ile karşı koyan ben'in itirazları üzerine kurulmuştur.

32. *Etude sur l'hystérie*, 1895. İlk kez katartik yöntemi uygulamış olduğu hastadan söz ederken J. Breuer "cinsellik olağanüstü bir ilkellik hali içinde kaldı" diyor.

33. Sapıkların (uygun koşullarda düzelmiş davranışlar haline' dönebilen) açıkça bilinçli fantazileri, paranoyakların (düşmanca bir duygu ile başkaları üzerine atılmış olan) hayalî korkuları isteriklerin bilinç-dışı fantazileri—ki psikanaliz tarafından, semptomlar aracılığıyla ortaya çıkarılırlar— bütün bu oluşlar en ufak inceliklerine dek birbirlerine uyarlar.

34. Çoğu zaman psikonevroz apaçık bir dönüklükle birleşmiş bulunur. Bu halde, heteroseksüel alkım, büsbütün baskı altına alınmıştır. Berlin'li W. Fliess'e hak vermek için, psikonevroz halinde dönüklüğe karşı her zaman ve zorunlu bir eğilim bulunduğu olgusuna, benim de özel hallerde ortaya çıkarabilmiş olduğum olgu üzerine dikkatimin çekilmiş olmasını onun bil-

dirilerinden birine borçlu olduğumu itiraf ediyorum. Bu zamana dek tam değeri verilmemiş olan bu buluş bütün eşcinsellik kuramları üzerine 'belirleyici bir etki yapmaya yeterlidir,

35. Dürtüler kuramı, psikanaliz öğretisinin en önemli fakat en eksik bölümüdür. Sonraki çalışmalarımda (*Haz İlkesinin ötesinde*, 1920; *Ben* ve *Şu*, 1923) dürtüler kuramına yeni gelişmeler getirdim.

36. Nevrozların özel bir ^sınıfının incelenmesi tarafından bana esinlenmiş olan bu varsayımı burada doğrulamak kolay değildir. Fakat öte yandan cinsel dürtülere gereken değeri vermeden onlar üzerine kesin bir şey söylemek bana olası değil gibi görünüyor.

37. Burada Moll'un yapısı hatırlanacaktır. Buna göre cinsel dürtü "contrectation" (dokunma) ve "détumescence" (şişkinliğin inmesi) dürtülerine ayrılır.

## İKİNCİ BÖLÜM

Çocuğun kişisel geçmişine düşen payı değerlendirmeden önce, kalıtsal geçmişine verilmesi gereken payı tam olarak belirlemek zaten olanaksızdır.

38. Bu sav bana daha sonra öyle cüretli göründü ki bunu, konuyu işleyen yazılarda, yeni araştırmalarla doğrulamaya kendimi verdim. Bu araştırmalar benim görüşüme uygun geldi.

Çocukta cinselliğin psişik ve 'bedensel gösterilerinin incelenmesi henüz başlamıştır. Bir yazar, S. Bell, **(A prelimi-nary Study ofthe Emötions of Love Bettven the Sexer** — Cinsler arasındaki Aşk Coşkusu Üzerine Bir İlk İnceleme)

(*American Journal of Psychologie*, XXII, 1902) şöyle diyor: "I know of no scientist, who has given a cereful analysis of emotion as it seen in adolescent." (Coşku olayını erginde görüldüğü biçimde ele alıp dikkatle çözümleyen bir bilim adamı tanımıyorum). Erginlik öncesi döneminin somatik cinsel gösterileri, bağlantılarındaki soysuzlaşma gösterileri ile ya da kendileri soysuzlaşma gösterileri olarak dikkatimi çekti. Çocuğun aşk yaşamı üzerine bir konu, bu çağın psikanalizi üzerine okuduğum bütün yazılarda eksiktir. Sözgelişi, Preyer'in, Baldwin'ın pek tanınmış çalışmaları: *(Mentol development in the child and race* = Çocuktaki kafa gelişmesi ve Irk, 1894); Perez'in *(L'Enfant de trois ans a sept ans* = 3 yaşından yedi yaşına dek çocuk, 1894); Strümpell'in, *Die paedegogishe Pathalogie* = Pedagojik pataloji, 1899; K. Gross'un *Seelenleben des Kindes* = Çocukların ruhsal yaşamı, 1904) Th. Beller'in *Grundriss der Heilpaedagogik*, 1904; James Sulpy'nin *Studies of Chilhood* — Çocukluk üzerine İncelemeler, 1895); v.b. Sorunun bugünkü durumunu dikkate almak için Dîe *Kinderfehler* dergisi gözden geçirilebilir (1896'dan beri). Bununla birlikte çocuğun yaşamındaki aşkın varlığını kanıtlamaktan başka yapılacak iş yoktur. Perez bunu savunur; K. Gross *(Die'Spiele der Menschen* 1899) bilinen bir şey olarak, "kimi çocukların erken cinsel coşkulara yanaşabilir oldukları ve karşıt cinsin karşısında bir dokunma gereksinimi duydukları" olgusunu anımsatır. S. Bell, üç yaşındaki bir çocukta cinsel aşk 'belirtilerinin görüldüğünü saptamıştı. Aynı şekilde Havelock Ellis'e de bakılmalı *(Psikologie sezuelle* = Cinsel Psikoloji, Appendice II).

Yukarda çocuk cinselliği üzerine verilen yargı, Stanley Hall'ün önemli çalışmasının yayınlanmasından sonra ancak tütunabilmiştir: *(Adolescence, Its Psychologie and its relati ons to physiology, sociology, antroyology, sex crime, religion and education* = Ergin, onun psikolojisi ve fizyoloji, antropoloji, seks cürümü, din ve eğitimle ilişkileri New York, 1908),

A, Moll'ün yeni kitabı *(Das Sezuelleben des Kindes* ~ Çocukların cinsel sevgisi, Berlin, 1909), aksine benim yargımı çürütmüyor. Buna karşılık Bleuler'in *Seantelle Abnormitaeten der Kinder* = Çocukların Cinsel Anormallikleri adlı kitaba bakınız.

Bayan Doktor H. v. Hugh - Hellmuth'un bir kitabı *Aus dem Seeleben des Kindes* = Çocuğun Ruhsal Yaşamı Üzerine, 1913; bugüne dek üzerinde durulmamış olan cinsel etkene tam değerini vermiştir.

40. Çocukluğun en uzak anılarıyla ilintili sorunlardan birini "Les *Souvenir – Ecrans"* başlıklı ve 1899 da yayımlanmış bir yazımda çözümlemeye çalıştım. (Bak. *Psychapathalogie de la Vie quotidienne* = Günlük Yaşamın Psikopatalojisi, bölüm IV.)

41. İşleyişi birleşik olan bu iki süreçten ancak biri dikkate alınırsa içe tıkmanın mekanizması anlaşılamaz. Gize piramidinin tepesine çıkarılan turiste benzetmek akla gelebilir; turist 'bir yandan itilmekte, -diğer yandan çekilmektedir.

42. Geleceğin nevrozlularının çocukluk yılları, normal kalmış olanlarınkinden, yaşanmış izlenimlerin niteliği ile değil fakat bu izlenimlerin yoğunluğu ve kesinliği ile ayırt edildiğinden bu gözlemler malzemesi kullanılabilir.

43. Çocuk cinselliği üzerindeki bu kuramın anatomik alandaki koşutu Bayer tarafından yapılmış özgün gözlemde bulunur *(Deutsches Archiv für Klinische Medizin,* LXXX, 1904), bu geri giden süreç rahim dışı yaşamının başlangıcından birkaç hafta sonra olmaktadır.

Üreme bezlerinin doku arası bölümünü cinsel belirleme organı gibi kabul eden yazarlar, kendi yönlerinden, anatomik araştırmalarda çocuğun cinsel yaşanımdan ve onun gizlilik döneminden söz etmeye gitmişlerdir.

Lipschütz'ün daha yukarıda adı geçmiş olan (not l'e bakınız) erginlik bezleri üzerindeki kitabından şunu alıyorum: "Erginlik çağında tamamlanan cinsel belirtilerin gelişmesinin, bu anda hızı artmıştır, fakat bize göre, daha dölüt yaşamı sırasında başlamış olan bir sürecin sonunu gösterdiğini söyleyerek gerçeğe daha çok yaklaşılır. *Bu zamana değin pek basitçe, erginlik denilen oluş, insanın ikinci on yılı ortalarına doğru ortaya çıkan ikindi bir önemli evre olsa gerek* Doğumdan, bu ikinci önemli evrenin başına değin giden çocukluk, erginliğin *ara evresi olarak* belirlenir."

Frenczi'nin bir eleştirisinde *(Internationale Zeitschrift für Psychoamalyse,* VI, 1920) anatomik kanıtlamalarla psişik gözlem arasında görülen uygunluk cinsel organların gelişmesinin **ilk en yüksek** noktasının embriyon dönemi başında yer alması, çocuğun cinsel yaşamının ilk açılmasının üçüncü ile dördüncü yaş arasında görünmesi olgusu ile çürütülmüştür. Anatomik örgütlenme anı ile psişik gelişme anı elbette bütün bütüne rastlaşmıyor olmalıdır. Bu yönde araştırmalar, insanın üreme bezleri üzerinde yapılmıştır. Öte yandan, hayvanlarda psikolojik anlamda bir gizlilik dönemi görülemeyeceğinden, yazarların cinsel gelişmede iki en yüksek nokta bulunduğunu ortaya çıkarmak için üzerine dayandıkları anatomik 'gerçekleştirmelerin hayvanlar dizisinin başka üstün türleri için de yapılabilmiş olup olmadığım öğrenmek pek önemli olur.

44. "Cinsel gizlilik dönemi" deyimini W. Fliess'ten alıyorum,

45. Burada sözü geçen olguda, cinsel dürtülerin yüceltilmesi, tepkisel kuruluşlarla yapılır. Bununla birlikte genel olarak yüceltme ile tepkisel kuruluşu ayrı iki süreç gibi kabule izin verilir. Yüceltmeler daha basit mekanizmalarla da üretilebilirler.

46. *Jahrbuch für Kinderheilkunde"* de, XIV, 1879.

47. Zaten burada, yetişkinin yaşamı süresince doğrulanacak bir olgunun belirtisi vardır; şöyle ki, cinsel doyum uykusuzluğa karşı en iyi devadır. Sinirli uykusuzlukların çoğu cinsel bir doyumsuzluktan ileri gelir. Biraz düşüncesiz süt-ninelerin kendilerine bırakılmış - çocukları, onların üreme organlarını okşayarak uyuttukları bilinir.

48. Doktor Galant, 1912'de *Neurologie Zentralblatt* 20'de "Das Lustcherli = Emzik" başlığı altında, bu cinsel etkinlik şeklini bırakmamış olan ve emziğin verdiği doyumu cinsel doyumun,

özellikle sevgilinin öpmesinin verdiği doyumun kesin bir eş-
değeri olarak tanımlayan bir genç kızın itirafı yayınlanmıştır:

"Bütün öpmeler emziğin verdiği zevki vermiyorlar. Hayır,
hayır, onlar bundan çok uzak. Bir şey emilirken bütün bedeni
dolaşan rahatlama duygusu anlatılamaz. İnsan sanki dünyada
değildir ve öylesine memnundur ki, artık hiçbir isteği kalmaz.
Bu olağanüstü bir duygudur. Huzurdan başka bir şey, hiçbir şe-
yin bozamayacağı huzurdan başka bir şey istenmez. Bu, sözle
anlatılamayacak kadar güzeldir: Hiç bir ağrı, hiçbir acı duyul-
maz, insan sanki başka bir dünyaya götürülmüş gibidir."

49. Ellis, doğrusu, otoerotik terimini biraz değişikçe, dı-
şardan kışkırtılmayan, fakat içerden belirlenen bir uyarılma
anlamında tanımlıyor. Psikalaniz için temel olan onun kaynağı
değil, nesne ile olan ilintisidir,

50. Pek geniş düşüncelerden ve başka gözlemler kullanıl-
masından sonra bedenin bütün bölümlerine ve iç organlara
şehvet uyarıcılık karakteri verilmiştir. Dayanak olarak daha
ileride narsisizm üzerine söylediklerimize bakınız.

51. Biyolojik açıklamalarda, özel hallerde yanlışlığa karşı
hiçbir güvence olmamasına karşın hiçbir sonuçlayıcı anlayışa
boyun eğmemeyi kolayca önleyemeyiz.

52. Onanizm üzerine, karışık olduğu kadar da bol olan ede-
biyata bakınız; 'sözgelişi, Rohleder'in *Die Masturbation*, 1899,
ve *Wienet Psycholoanalytischen Vereinigung'un* ikinci cildi "Die
Onanie", Wiesbaden, 1912.

53. Benim şu yazıma bakınız: «*Karakter ve anüs erotizmi*», 1908.
Şuna da bakınız: "*Transformations de la Pulsion et en particulier
dans L'erotisme anal* = Dürtünün ve özellikle anüs erotizmindeki
değişimleri" 1917.

54. Anüs bölgesinin erotizmine verilmesi gereken önemi bize anlatmaya katılmış olan bir yazıda, *(Anal und Sexual, Imago IV, 1916)*, Lou Andreas Salome, anüs etkinliğinin ve onun ürünlerinin sağladığı fazla hazla ilgilenen çocuğa karşı yapılan ilk yasaklamanın, onun bütün sonraki gelişmesini belirlediğini kanıtlamıştır. Bundan dolayı çocuk, dürtülerinin gösterilerine düşman bir dünya ile çevrilmiş olduğunu duyar. Küçük kişiliğiyle bu yabancılar arasında ayrım yapmayı öğrenir ve ilk kez kendi haz alma yeteneklerini içe tıkar. O zamandan beri, "anüs" bütün yasak edilenlerin, yaşamından uzaklaştıracağı bütün şeylerin sembolü haline gelir. Daha sonra anüs bölgesiyle üreme bölgesi arasında istenen kesin ayrılık onları karakterize eden anatomik yakınlık ve görevce benzerlikle çelişme halindedir. Üreme organı murdar kalır; kadında bir ek yapılardan başka bir şey olmaz gibi görünür.

55. İleri bir yaşta onanizm pratiğinde özel teknikler kullanılması çocukluğu sırasında bu pratik için kendisine yapılmış yasağı kaldırma denemesinden başka bir şey değildir.

56. Nevrozluların suçluluk duygusuna daima erginlik sırasında çoğu zaman; yapılmış olan bir onanizm etkinliğinin bağlandığı nedenleri, yine son olarak Bleuler'in kanıtladığı gibi, daha da derinleştirme ihtiyacındayız. Bu bağlantı kabaca şöyle anlatılabilir: Onanizm yalnız başına hemen hemen çocuğun bütün cinsel etkinliğini temsil eder ve bütün bu etkinliğe bağlanmış suçluluk duygusunu üzerine almak dolayısıyla aynıdır.

57. Havelock Ellis "Cinsel Psikoloji" başlıklı incelemesinin ek bölümünde, görünürde normal hale gelmiş öznelerin çocukluk boyunca ilk cinsel hareketlerle içinde doğdukları koşullar üzerine otobiyografik bir tanıklıklar dizisini anım satıyor. Bu tanıklıklar, doğaldır ki, çocuk amnezisi cinsel yaşamın bu tarih öncesi üzerine rastlayan ve nevrozlu hale gelmiş bir kimsede ancak psikanalizle dolabilen bir boşluk sunarlar. Bununla bir-

likte, bu tanıklıklar bir bakımdan doğrudurlar ve benim yazım yönündeki etiyolojik varsayımlarımı değiştirmemi belirleyenler bunlar olmuşlardır.

58. Ben 1905'te, yetişkinler üzerine uygulanan psikanalitik araştırmaların sonuçları ile bu kanılara varmıştım. Çocuğun doğrudan doğruya gözlemi ancak o zaman serbestçe uygulanabilmişti ve tek tek belirtiler, ilgi çekici gerçekleştirmeler vermişti. 0 zamandan beri özel nevroz hallerini analiz ederek çocuğun psikocinselliğine daha doğrudan doğruya girebilmeyi başardık. (*Johrhuck für psychoanalische und psy-chopathalogische Forschungen* 1, 1909; ve devamı) Doğrudan doğruya gözlemini, psikanalizin eriştiği sonuçları doğrulamaktan başka bir şey yapmamış olduğunu görmekle mutluyum; bu, araştırma yönteminin haklı olduğunu doğrulayan bir kanıttır.

Beş yaşındaki küçük bir çocuğun fobisinin (küçük Hans'-ın) analizi, bize psikanalizin sözünü etmediği çok şeyler öğretmiştir: Cinsel sembolizm, yani cinsel şeylerin, cinsel olmayan nesneler ve bağlantılarda temsil edilmesi, çocuğun ilk konuşma denemelerine dek varır. Ayrıca, aydınlık kaygısından otoerotizmin iki evresi ile nesne sevgisi arasında kronolojik bir sıralanma kurarak önceki, açıklamada yanılmış olduğumu anlamak zorunda kaldım.

Gerçekten yukarıda anlatılan analizler ve Bell'in raporları, üç ile beş yaş arasındaki çocukların çoktan net bir şekilde nesne karakterinde bir cinsel seçim yapma yeteneğinde olduklarını ve bu seçimin onlarda güçlü coşkular uyandırabildiğini *bize* öğretmektedirler.

59. Aynı şekilde, kadında da bir hadımlaştırılma korkusundan söz etmek olasıdır. Her iki cinsten çocuklar öyle kuram tasarlar ki, buna göre, kadının başlangıçta bir penisi olduğu, sonra kesilme ile bunu yitirdiği inancı kurulur. Erkek çocuklarda, sonunda, kadınların hiç penis sahibi olmadığı kanısına

varıldığında, genellikle diğer cins için sürekli bir küçümseme duygusu belirir.

60. Çocuğun bu son yılları üzerine cinsel kuramların sayısı pek çoktur. Ben burada ancak birkaç örnek verdim.

61. Yetişkin nevrozlulardaki bu evrenin kalanları için Abraham'ın yapıtına bakınız. *(Untersuchungen über die frü-heste praegenitale Entmitsklungssiufe der Libido. İntematio-vale Zeitschrift für Psychoanalyse,* IV. 1916) Daha sonraki bir çalışmada *(Versuch einer Entmicklungschichte der Libido,* 1924). Abraham bu ağız aşamasını da pekâlâ arkasından gelen sadik-anal aşama gibi her biri nesne karşısında ayrı bir davranışla karakterize edilen iki bölüme ayırmıştır.

62. Abraham son olarak adı geçen yazıda anüsün, embriyonun ilkel ağzından (blastopore-tomurcuk gözeneği) ileri geldiğine dikkati çekmiştir. Bu psikoseksüel evrimin prototipi olarak görünen bir olgudur.

63. 1923'te çocuğun gelişmesine iki üreme öncesi örgütlenmesinden sonra yerleşen üçüncü bir evre sokarak bu görüşleri değiştirdim. /Üreme evresi denilmeye toptan hak kazanan bu evrede, cinsel bir nesre ve cinsel evrimlerin bu nesne üzerine bir geri çevrilmesi bulunur. Fakat onunla cinsel olgunluk çağındaki kesin örgütlenme arasında temelden bir ayrılık görülür: Bu evre tek bir üreme organı tanır, o da erkek organıdır. İşte bunun için, ona fallus örgütlenmesi aşaması adı verdim. *(L'Organisation gânitale infantile* = Çocuk üreme örgütlenmesi, *Inier Zeüshr f.* Psa. ıx, 1923). Abraham'a göre biyolojik prototip embriyondaki cinsel aracın iki cinsinin ayrılmamış karakterinde bulunur.

64. Bazı kimseler sallandıkları zaman anımsarlar: hava, üreme organlarına dokundukça cinsel bir haz duyarlar.

65. Bazı yürüme bozukluklarının ve agorafobi olaylarının analizi, hareket etme hazzının cinsel, niteliğinden şüphe etti-

rir. Modern eğitimin, gençliği cinsel etkinlikten çevirmek için sporlardan yararlandığı bilinir; bunun, özgülce cinsel olan zevkin yerine hareketin zevkini koyduğunu ve cinsel etkinliği otoerotik unsurlarından birine geri götürdüğünü söylemek daha doğru olur.

66. "Erojen" mazoşizm denilen şey budur.

67. Yukarıdaki açıklamadan reddedilmez şekilde çıkarılması gereken sonuç, her bireye bir ağız, anüs, idrar yolu v.b. erotizmi bağlamak ve bu erotizm şekillerine uyan psişik gerçekleştirmelerin bir anormallik ya da bir nevroz sonucu çıkarılmaması gerektiğidir. Normali anormalden ayıran farklar ancak cinsel dürtüyü meydana getiren çeşitli unsurların orantılı yoğunluğunda ve gelişmeleri boyunca oynamaya çağırdıkları rolde bulunabilir.

## ÜÇÜNCÜ BÖLÜM

68. Burada verdiğimiz şematik açıklayış, her şeyden önce ayrılıkları ortaya çıkartma amacını gütmektedir. Daha yukarda, çocuk cinselliğini nesne seçme ile ve fallus evresinin gelişmesi ile kesin cinsel oluşuma ne ölçüde yaklaştığını gösterdik.

69. *"Mazoşizmin Ekonomik Sorunu"* adlı yazımdaki bu sorunu çözümlemek için yaptığım girişimlere bakınız

70. 1905 yılında yayınladığım, şu başlığı taşıyan denemelere bakınız. (Nükte ve Bilinçsizlikle İlişkileri).

Zekâ oyunları ile vaktinden önce haz üzerine gidilir ve bu öne alınan haz, sırası gelince kendisi de daha yoğun bir haz yolu açar; çünkü bazı iç yasaklamaları uzaklaştırır.

71. "Lust" (Almanca haz) teriminin, bir yandan kısmî bir doyum gibi davranan ve öte yandan cinsel gerilimi sürdürmeye katılan cinsel uyarılmaların oynadığı çift rolü anlattığını ortaya

çıkarmak önemsiz değildir. "Lust" teriminin iki anlamı vardır. Cinsel gerilimi belirttiği kadar duyulan doyum hissi arzusunu belirtir. "Ich habe Lust" şu demektir: "Bir şey isterdim, bir şey arzuluyorum".

72. Lipschütz'ün daha önce sözü geçen yapıtına bakınız. Sayfa: 15.

73. Bu sınırlama "aktarma nevrozlarından başka nevrozlar psikanalizce daha yanaşılabilir olalı beri aynı değere sahip değildir.

74. Önceki nota bakınız.

75. Bak. *"Pour introduire narcissisme* - Narsisizmi içeri sokmak için".

76. Herkesçe kabul edilen görüş bakımından hiçbir karışık anlam sunmayan "eril" ve "dişi" kavramlarının, bilimsel açıdan bakıldığında pek karmaşık olduğunu düşünmek gerekir. Bu iki terim, üç değişik anlamda kullanılır. "Erkek" ve "dişi", "etkinlik" ya da "edilginlik"in karşılıkları olabilirler; ya da *biyolojik* ve son olarak *sosyolojik* anlamda alınabilirler. Psikanaliz bu anlamlardan temel olarak birincisini dikkate alır. İşte böylece, az önce libidoyu "erkek" olarak karakterize ettik. Gerçekten, dürtü daima, amacı edilgin olduğu zaman bile etkindir. Biyolojik anlamda alınan "erkek" ve "dişi" terimlere, açık ve kesin tanımlamalar daha uygun gelir. O zaman "erkek" ve "dişi" bir kişinin ya sperma bezlerinin ya da yumurtalık bezlerinin, bunlardan çıkan çeşitli görevleriyle varlığını belirtir.

"Etkin" öğe ve onun ikinci derecede gösterileri, sözgelişi artmış bir kas gelişmesi, bir saldırma davranışı, daha şiddetli bir libido, her zaman biyolojik anlamda "erkek"lik kavramı içine girer; ama onun zorunlu bir özelliği değildir. Belli bir sayıdaki türde, saydığımızı karakterlerin dişilerde olduğunu görüyoruz. "Erkek" ve "dişi" terimlerine verdiğimiz sosyolojik anlamına gelince, bu her gün, her iki cins üzerinde yaptığımız gözlemlere dayanmaktadır. Bunlar, cinslerden birinin bir kimsedeki karakterinin biyolojik bakımdan da sosyolojik bakımdan da öbürünün karakterlerini söküp atmadığını kanıtlamaktadır. Her insan, gerçekten, biyolojik bakımdan kendi cinsine özgü karakterlerle öbür cinse özgü karakterlerin bir karışımını, aynı şekilde, etkin ve edilgin öğelerin bir karışımını sunar ki, psişik düzendeki bu öğeler biyolojik karakterlere ya bağlıdır ya bağlı değildir.

77.Psikanaliz bize, cinsel nesne seçiminin iki ayrı yolla yapıldığım öğretiyor. Daha yukarda gördüğümüz gibi kaynakları ile ilk çocukluğa çıkan bazı modeller üzerine dayana bilir ya'da kişinin kendi benini aradığı ve onu başka bir kişide bulduğu *narsisizm'e* bağlı karakterler sunar.

Bu son yol patolojik hallerde tam özel bir karakter alır; fakat bu, burada çizdiğimiz çerçeve içine 'girmez.

78. Yorumlamalarımın rahatsız edebileceği kimselere, Havelock Ellis'ten, *"Psychologıe sexuelle* - Cinsel Psikoloji" parçasını okumalarım öğütlerim. O, bunda anne ile çocuk arasındaki bağlantıyı, benimkine çok yaklaşan bir yorumlama ile işlemektedir.

79. Çocuk bunaltısının kaynağı üzerindeki bilgilerimi üç yaşındaki bir oğlana borçluyum. Çocuk bir gün ışıksız bir odada bulunuyordu, şöyle bağırdığını duydum: "Teyze, bana bir şey söyle, korkuyorum, çünkü çok karanlık!" Teyzesi ona şu karşılığı verdi: "Bu neye yarar, beni göremeyeceksin ki!" Çocuk "Zararı yok," diye karşılık verdi, "birisi konuşurken aydınlık oluyor." Demek ki, çocuk karanlıktan korkmuyordu, sevilen bir kimsenin yokluğundan bunalmıştı ve bu kimse vardığını ona duyurduğu anda sakinleşme umudu verebiliyordu. Psikanalizin en önemli noktalarından biri, nevrotik bunaltının libidodan doğduğunu, sirkenin şaraptan dönmesi gibi onun bir ürünü olduğunu gösterebilmiş olmasından ibarettir.

Daha geniş bilgiler için, soruna kesin bir çözüm vermiş olduğumu ileri sürmemekle birlikte, benim kitabıma bakabilirsiniz: *"Psikanalize Giriş"e.*

80. Daha yukarda, çocuğun cinsel seçimleri üzerine ve "sevgi akımları" üzerine söylediklerimize bakınız.

81. En yakınlarla cinsel birleşme yasağı, insanlıkça edinilmiş bir şey olarak kabul edilir ve başka birçok tabular gibi töremize katılarak çoğu kimselerde irsiyet yolu ile saptanır. (Bakınız: Freud, *"Totem ve Tabu,"* 1913). Bununla birlikte, psikanaliz bize kaç kişinin gelişmesinin dönemlerinde kendilerini en yakınlarla cinsel birleşmeye iten girişimleri yenmek için ne kadar savaşmak zorunda kaldığını ve yine de ister (hayalde, ister gerçekten olsun sık sık bu duruma düştüğünü göstermiştir.

82. Çıkış noktası olarak, çocuğun sonunda vazgeçtiği cinsel 'araştırmalara sahip olan erginlik çağının fantezileri, gizlilik dönemi bitiminden önce var olabilirler; toptan ya da kısmen bilinçdışında kalabilirler. İşte bunun için, onların görünme tarihlerini saptamak çoğu zaman olanaksızdır. Bu hayaller, içe tıkılmış libidonun kimi unsurlarının göründüğü biçimler olan, sanki hazırlayıcı aşamaları oluşturan çeşitli semptomların doğuşu bakımından büyük bir önem taşımaktadırlar. Bu hayaller, düş biçimi altında bilinçli hale gelen gece fantezilerinin prototipleridirler. Düşler çoğu zaman, uyanıklık halinde uğradıkları uyarımların etkisi altında ve henüz soğutulmamış olan bu tür fantazilerinin (günün kalıntıları) yenilenmesinden başka şeyler değillerdir.

Bu erginlik çağının cinsel fantezileri arasında cinsel deneyleri ne olursa olsun hemen hemen her kişide ortaya çıkmaları olgusu karakterize edilenler vardır. Bu düşünceler düzeninden olarak çocuğu ana-babasının cinsel birleşmesini gördüğü, sevilen bir kimsenin kendisini erkence ayarttığı, hadımlaştırılmakla tehdit edilmiş olduğu ve annesinin göğsünde bir süre kalırken orada her türlü değişmelerden ya da son olarak ana - babasına oranla eski durumu ve bugünkü durumu arasındaki ayrılıktan başlayarak yetişkinin bütün bit efsane kurduğu "aile romanı" denilen şeyi geçirdiği hayalleri söyleyelim. O, Rank, *(Der Mythus von der Geburt des Helden,* 1909) başlıklı bir yazıda bu tür fantazilerle mitoloji arasındaki bağlantıları göstermektedir.

Oidipos kompleksinin bütün nevrozların temel kompleksi olduğunu ve bu hastalıkların en temel bölümlerini oluşturduğunu söylemek yerindedir. İlerde yetişkinin cinselliği üzerine kesin bir etki yapacak olan çocuk cinsliği Oidipos kompleksinde en yüksek noktasına erişir. Her insan, kendini Oidipos kompleksini yenme çabasına vermek zorunda görür. Bu çabaya katılmazsa bir nevrozlu olacaktır. Psikanaliz bize Oidipos kompleksinin temel önemine gittikçe daha çok değer vermeyi öğretmektedir 5 diyebiliriz ki, psikanalizi tutanları ve ona karşıt olanları ayıran, birincilerin bu olguya verdikleri önemdir. Başka bir çalışmada, *La traumatisme de la naissance'ta* (Doğumun Travmatizmi) Rank, anneye bağlılığı embriyon dönemine götürmüş ve böylece Oidipos kompleksinin biyolojik temelini göstermiştir. Yukarıda söylenenden farklı olarak doğum bunaltısının travmatik izleniminden, en yakınlarla cinsel birleşme yasağını türetir.

83. Düşler Bilimindeki Oidipos yazgısına efsanece verilen uğursuzluk karakteri üzerine açıklamalara bakınız.

84. Benim şu başlığı taşıyan denememe bakınız. *Sur un type particulier de choix d'objet chez l'homme,* 1910. *(Erkekte Nesne Seçiminin Özel Bir Tipi Üzerine).*

85. Aşk yaşamının özelliklerinden çoğu ve aşk tutkularının aldığı zorlayıcı karakter, çocukluğa başvurulursa ve orada, o çağda görünen, etkisi hâlâ kendini duyuran olayların yansımaları görülürse ancak anlaşılabilir.

86. Burada, Ferenezi'nin hem fantazilerle dolu, hem de zengin fikirler taşıyan yapıtım anımsatmak yerinde olur. *(Versuch einer Genitcdiheorie,* 1924). Ferenczi, bu yapıtında gelişmiş hayvanların cinsel yaşamını biyolojik evrimlerinin tarihinden çıkarıyor.

## DÖRDÜNCÜ BÖLÜM

87. Bu yalnızca nevrozlarda "negatif halde" görünen sapıklık, eğilimleri için değil, "pozitif" sapıklıklar, ya da asıl sapıklıklar için de doğrudur. Demek ki asıl sapıklıkları, münhasıran saptanacak olan çocuk sapıklıklarına götürmek haksızlık olur, bunlar cinsel yaşamın serbest gelişmelerini yapamamış olmalarından ileri gelen bu eğilimlere doğru bir geriye-dönüş sayılmalıdır. İşte bundan dolayı, "pozitif" sapıklıklar, onlar bile, psikanalitik tedavi yolu ile işleme tutulurlar.

88. Çok zaman erginlik döneminin başında normal bir cinsellik akınımın varlığı 'görülür, fakat dışardan gelen engellere dayanamayacak kadar zayıf olan bu akım kaybolur ve yerini sapıklığa varacak olan bir geri dönüşe bırakır.

89. Bazı karakter özelliklerinin bile belirli erojen unsurlarla bağıntısı olduğu ortaya çıkarılabilmiştir. Böylece, inatçılık, cimrilik ve düzen fikri erojen anüs bölgesinin etkinliğinden türetilebilir. Güçlü bir idrar yolu erotizmi ise "gözü yükseklerde olma" özelliğini açıklayabilir.

90. İnsan yaradılışını iyi tanıyan Emile Zola *Yaşama Sevinci'nde,* bir genç kızın gönül coşkunluğundan ve saf bir yararlanma gütmezlik duygusundan dolayı, varını yoğunu, servetini, en sevgili arzularını, karşılık beklemeksizin sevdiği adama vermesini anlatır. Bu genç kız çocukken öyle doymak bilmez bir sevgi gereksiniminin egemenliği altına girmişti ki, başka bir küçük kızın tercih edildiğini görünce bir gaddarlık yapmıştı.

91. Bazı izlenimlerin sahip oldukları saplanma eğiliminin önceki bir çağda fiziksel bir cinsel faaliyetin yoğunluğundan kaynaklandığı kabul edilebilir.

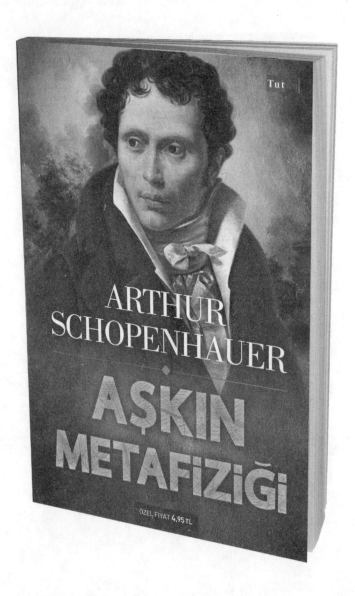

ARTHUR
SCHOPENHAUER

AŞKIN
METAFİZİĞİ

ÖZEL FİYAT 4,95 TL

Tut

FELSEFE SERİSİ

# Gustave Le Bon

# Kitleler Psikolojisi

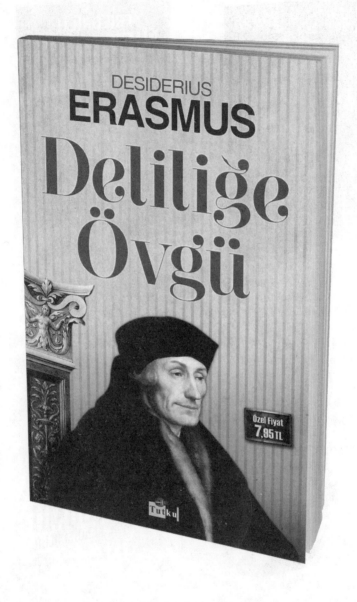

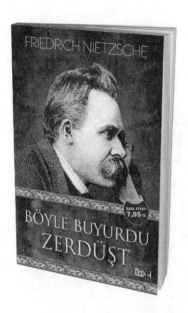

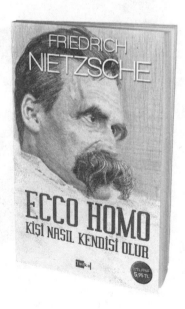

**TOLSTOY**
İnsan
Ne ile Yaşar

Özel Fiyat
4.95 TL

**HALİL CİBRAN**
AFORİZMALAR

ÖZEL FİYAT
5,95 TL

Sigmund Freud

Günlük
Yaşamın
Psikopatolojisi

Sigmund Freud

Grup
Psikolojisi
ve Ego Analizi